SHODENSHA
SHINSHO

教育費破産

安田賢治

祥伝社新書

はじめに

教育費の高騰《こうとう》は家計を直撃し、年々負担が大きくなってきている。ＯＥＣＤ（経済協力開発機構）加盟のおよそ30カ国の調査で、日本の教育への公的支出が低いことはよく指摘されていることだ。それでも高校での授業料負担軽減策がとられ、国の支出は大きくなってきているが、大学の学費はＯＥＣＤ加盟国中でも私費負担がもっとも大きいとされている。

この調査によると、どこの国でも大学卒（大学院修了者を含む）の給与は、高校までの卒業者より高くなっており、これは日本でも同じだという。この調査結果を待つまでもなく、今までの日本でもそれは共通認識だった。そうなれば、親としては子どもを、何とか大学まで進学させたいと考える。それは裕福であろうがなかろうが同じだろう。高校を卒業してもその上の教育を受けている人は、今や８割にも上《のぼ》っている。

その一方で、学費が値上がりする中、子どもに高等教育を受けさせられるだけの家庭の経済力もアップしているのかというと、はなはだ疑問だ。今後の給与のアップは不透明で、家計をやりくりしながら子どもを進学させることにならざるを得ない。

それだけではなく、大学進学に至るまでにもさまざまな教育過程があり、選択肢は広がっている。より大学進学をしやすくするために中高一貫校に進学、または小学校から大学付属校に進学させて、エスカレーター式に進学する方法も一般的になってきている。いずれもかなりの資金力が必要だ。

進学のサポート機能として、学習塾、予備校などの費用も場合によっては必要になってくる。これもかなりの金額で、よりいっそう家計の負担は大きくなっていく。今は浪人生が激減しているが、これも経済的な負担が大きいからだ。

学費を払えないが、大学で学びたいとなると、奨学金に頼るのも一つの方法だ。しかし、国の奨学金制度は、卒業後返済していく貸与《たいよ》制度しかなく、返済義務のない給付制の奨学金制度はない。そのため、国の奨学金を借りると、卒業後に返済していく必要があるが、経済状況や雇用形態が昔とは変わり、終身雇用の保障は何もないのが現状だ。奨学金は低金利で借りられるとはいえ、借金を抱えて大学を卒業し、今や奨学金返済の滞納《たいのう》者が増えていることが大きな問題になってきている。奨学金により新たな貧困が生じているのである。国も給付型奨学金制度の導入を考えているが、実施は２０１８年とされ、まだ先の話だ。

私立大を中心に給付制の奨学金制度もある。しかし、入試と連動しているものが多く、成績優秀者に限られる。ただ、これを活用すると、高額な奨学金をもらえる大学もある。また、合格したら給付される予約型の奨学金制度も増えてきている。他にも早稲田大では、児童養護施設入所者、出身者対象の「紺碧《こんぺき》の空奨学金」を２０１７年から実施する。

大学でも学びたい学生を支援する動きは活発になってきているが、なかなか広がっていかないのが現状だ。今後、消費税のアップが予定されていることもあり、私立大の学費値上げが行なわれると見られ、ますます家計を圧迫しそうだ。

経済力があるかどうかで、大学進学にも差がつくようになってきている。首都圏の大学に地方からの進学者が減っているのは、経済的な問題が大きい。首都圏の大学の関東ローカル化は、東大をはじめとする難関大で顕著《けんちょ》になってきている。経済格差が子どもの進学に大きく影響しているのだ。裕福な層には大きな影響はないが、中間層の家計にもっとも負担が重くのしかかっている。教育費破産の可能性が高まっているように思えてならない。

二〇一六年九月

安《やす》田《だ》賢《けん》治《じ》

目次

第２章　奨学金は、家計の味方か子どもの敵か？

第３章　東京で一人暮らしの大学生活は夢？

第4章　私立小・中・高の学費事情

第5章　学歴をお金で買う時代——格差の再生産

第1章　学ぶのに大金が必要な時代の到来

大学進学者は60年前の12人に1人から2人に1人へ

高校への進学率が8割を超えたのは、1970年のことだった。そのわずか4年後の74年には、9割を超えた。そして現在はほぼ全員といっていい、98・5%が高校に進学している。高校進学は、今や義務教育といっていいぐらいの位置づけになってきている。その背景には「せめて高校だけは卒業させてあげたい」との親心があったことは容易に想像できる。

過熱する一方の進学熱の高まりは、高校だけにとどまらない。近年はさらに上の高等教育にも広がっている。高校卒業後にさらにその先の大学などへ進学するのは、今や当たり前のことになってきた。

表①を見てほしい。これは大学、短大、専修学校（高等専門学校、いわゆる「高専」を含む）への進学率の推移グラフだ。1976年から5年刻みのグラフで、直近の2015年までのデータがとってある。40年前の1976年には大学、短大、専修学校すべてを合わせた進学率は42・7%で、5割を下回っていた。当時は高校卒業後、就職する人が6割近くいたことになる。

表① 進学率推移グラフ

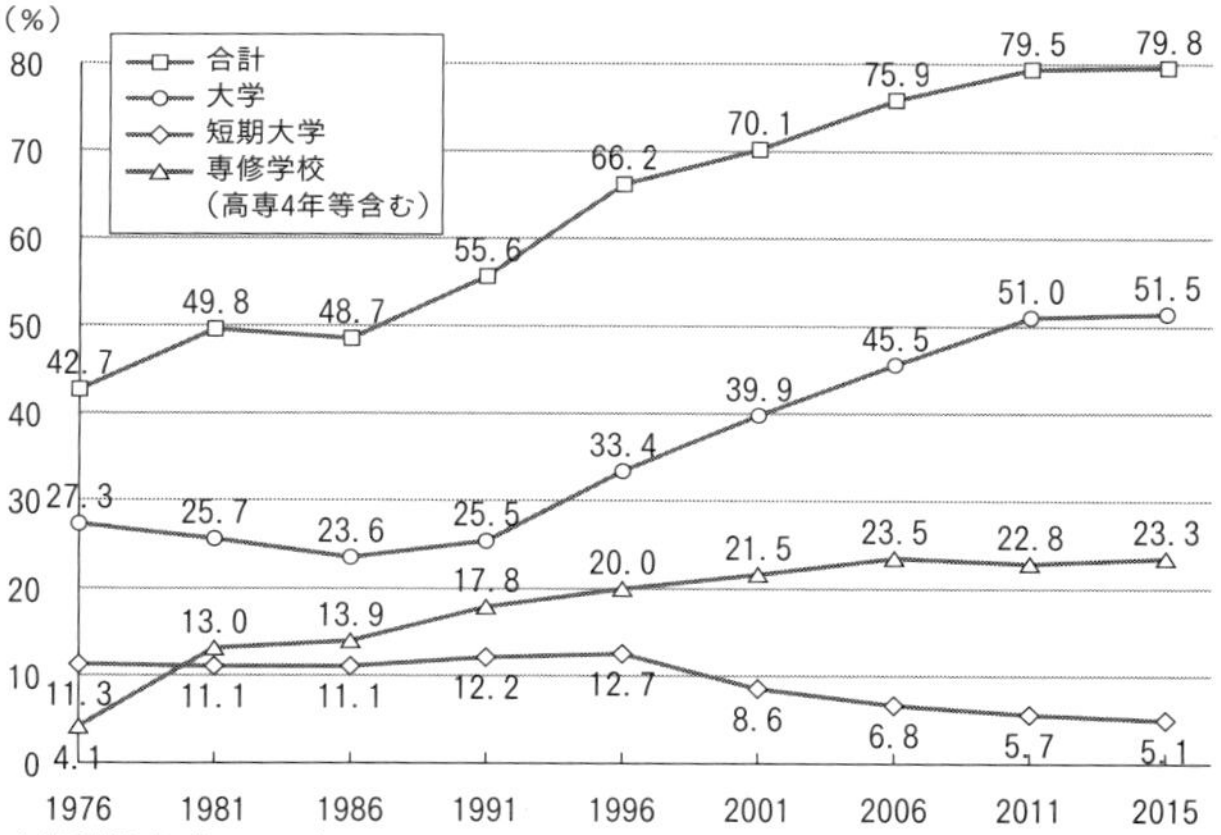

文部科学省データより

それが1986年から一転して右肩上がりに転じる。大学などへの進学熱が高まっていったのだ。1991年に5割を超え、2015年には8割近くまでに伸びた。高校卒業後に高等教育機関で学ぶ人が増え、就職する人が少数派になってきたことが、はっきりとわかる。これだけの人が高校卒業後、進学するのだから、親は自分の子どもも世間並みに、高校を卒業したら進学させたいと思うのは当然のことだろう。

では高校卒業後、具体的にはどこに進学しているのだろうか。2015年の大学進学率は、5割を超えて過去最高の

51・5%になっている。2009年に初めて5割を超え、一度49・9%に下がったものの、その後は5割超で推移している。鈍化してきているとはいえ、まだ伸びている。

これに対して、短大は1996年をピークに進学率が急落している。94年に過去最高の13・2%となったものの、その後は毎年、下がっている。初めて短大への進学率が10%を超えたのは1974年で、その後13%を超えるまで20年かかった。ところが下がるのは早く、ピークの94年の6年後の2000年には10%を切っている。15年の短大進学率は、1976年頃の半分以下になってしまった。

長らく女子の高校卒業後の進学は短大中心だった。76年の女子の大学進学率は13%であったのに対して、短大進学率は20・6%とかなり高かった。短大卒業後、就職して寿《ことぶき》退社するのが一般的な時代が続いた。短大卒業後に家事手伝いとなって就職せず、花嫁修業をするのも珍しいことではなかった。お茶、お花、料理、礼儀作法のお稽古《けいこ》事に通い、見合いで結婚というのが普通だった時代だ。高校生の段階で「4年制大学に進学したい」などと言おうものなら、「嫁のもらい手がなくなる」などと親から言われて、止められる時代が長く続いたのだ。

たとえば、50年前の１９６６年の慶應義塾大の合格者は４３２０人だったが、その内女子はわずか４７３人で、合格者の11％を占めるに過ぎなかった。今は女子の合格者は２６６３人にもなり、全合格者の28％を占めるようになってきている。これは慶應だけにとどまらない。

バンカラといわれた早稲田大、明治大、法政大でも女子学生が増えており、いずれの大学でも男子学生と女子学生の比率は、２対１ほどになってきている。３大学とも２０１６年は志願者が10万人を超えているが、その志願者増の大きな要因は、女子の増加にあると見られる。女子の進路が多様化してきているが、昔では考えられなかったことだ。

96年に初めて女子の4年制大学進学率が短大進学率を上回る。これは短大進学率が急落していく時期と重なる。背景には女性の社会進出が盛《さか》んになったことがある。女子の高学歴志向が高まり、短大ではなく4年制大学進学者が増えていったのだ。大学でしっかり学びたいとの意識が高まったからである。

最初の頃は女子大が、手っ取り早い進学先として狙《ねら》われ人気だった。親も「女子大なら4年制でも進学してもいい」と許した面もあったろう。女子大には「お嬢様学校」と称される大学が多かったこともあり、お嫁に行くのに支障がないとの考えがあったと見られる。さらに、多くの女子大の教育方針が「良妻賢母《りょうさいけんぼ》の育成」だったことも追い風となった。今ではまったく考えられないような教育方針を表に出す女子大も少なくなかった。

したがって、進学する学部も女子大に数多く設置されている文、家政学部などが中心だった。やがて女子受験生に共学大志向が高まり、それにつれて進学する学部もバラエティに富《と》むようになる。文、教育、外国語などの人文科学系だけでなく、法、経済、経営などの社会科学系学部にも多くの女子が進出し、さらに医、薬、農、理工学部など理系もリケジョ（理科系女子）の増加で人気が高まってきた。最近では国際系など、海外への留学を必須にしている学部の人気も高い。

こういった女子の動向の変化によって大学進学率全体がアップし、逆に短大進学率がダウンしたと見られる。社会の高度化が、大学でしっかり学んできた人材を求めたことである。さらに、短大が担《にな》ってきた看護や保育士養成などの分野が、4年制大学に数多く設置されてきたことも短大離れに拍車をかけた。また、１９８５年に男女雇用機会均等法が施行され、男女共同参画社会の時代が到来したことも、4年制大学進学率アップにつながった。

一方、専修学校は81年に短大を上回る進学率となり、96年には20％を超えた。この10年ほどは足踏み状態が続いている。職業直結型の学校として人気が高いが、元来人材育成を担っていた分野が、短大と同じように4年制大学に設置されるようになって、伸びが鈍っている面もある。リハビリテーション系の理学療法士や作業療法士などを目指す分野も、大学に設置されるようになってきているし、専修学校が大学を設置するケースも増えていることもある。

さらに、最近の政府発表によると、大学、短大、専修学校以外に新しい学校種となる専門職大学が今後、設置されていく予定だ。高校卒業後、高等教育を受ける人がますます増えることは間違いない。

昔は、大卒というだけでエリートだった

では、学校ごとの進学率はどう推移してきたのだろうか。今から60年前の1956年の大学進学率はわずか7・8%で、短大進学率は2・1%だった。二つ合わせても9・9%に過ぎない。大学・短大に進学したのは、18歳の10人に1人だったことになる。大学に限ると、なんと12人に1人の割合だ。この当時は大学進学者はそれほど珍しかった。

それが30年前の1986年になると、大学進学率は23・6%で30年前の3倍に伸びている。短大進学率は11・1%、専修学校進学率は13・9%で、合計48・6%。ほぼ5割にまで上昇する。この時点ですでに2人に1人が、高校卒業後、進学していたことになる。

高校卒業後の進学者の割合を経年で見ていくと、60年前に10人に1人→30年前に2人に1人→そして昨年は5人に4人が進学する時代になった。4年制大学進学に限ってみると、60年前の12人に1人→30年前の4人に1人→昨年は2人に1人と急激に増えていることがわかる。今の高校生の親の時代には、4人に1人が大卒だったが、今

やその倍の２人に１人が大学に進学するように変わったことがわかる。60年前には高校卒業後の進学は、一部の経済的に余裕のある家庭に限られていたのだが、今や一般的なことになってきたといっていい。

この増加によって、大学生のレベルが、かなり落ちてきている。定員割れしている首都圏の私大の教員が言う。

「授業でヒトラーのことを取り上げる機会がありました。ところが、学生の反応は『名前だけは聞いたことがありますが、何をした人かはまったく知りません』というものでした。本当に驚きましたが、そこから説明しなければならないのかと思って、最初は絶句してしまいました」

文部科学省も、大学の英語の授業で中学1年生のところから教えて単位を与えている大学を、「高等教育にふさわしくない」と名指《なざ》しで非難している。しかし、現実はそんなものだという。「全入（受験すれば全員入学できる）」の私大の教員がこう話す。

「大学に勉強しないで進学できるシステムに問題があるのでしょう。高校進学にしても、ほとんど全員が進学するため、なんとか受け入れるのが前提になっています。高校から大学だって、進学の意志さえあれば受け入れる大学があり、学力をあまり問わないＡＯ入試や推薦入試を使って、どんなことでも評価して入学させます。この学力を問わないところが問題だと、文科省は大学入試改革に力を入れていますが、大学経営を考えれば、そんなことは言ってられません。定員が埋まって大学経営が成り立つのですから、よほどのことがない限り入学させます。

だから、大学に入って初めて学問に触れたという学生も少なくないのです。勉強をしたことがないのも当たり前で、中学1年生の英語ができないことも納得できます。それで大学生かとは思いますが、今は教育するのが大学の役割になってきています。中には『今までは勉強してこなかったけれど、大学では勉強したい』と向学心に燃える学生もいるので、最初から教えることになるのです」

大学進学の大衆化が進んでいる。高校卒業後、教育を受ける人が8割なのだから、進学するほうが当たり前。これだけ進学熱が高まり、高校卒業後も学ぶ人が増えれば、親としても何とか子どもを世間並みに進学させたいと思うのは、当然のことになってきている。それが経済的な面で親を苦しめることになるのだ。

これだけ進学率が高まった大きな理由の一つは、なんといっても日本が豊かになったことにある。特に進学率が右肩上がりになっていく1986年頃は、バブル経済の皮切りの時期で、本当に景気が良かった。あの当時、中堅だった文系の単科大学を卒業して、中堅の証券会社に就職した学生が「新卒の6月の最初のボーナスで100万円もらいました」などと自慢げに話していた時代だ。

そんな時代だからこそ、保護者は子どもに高等教育を受けさせるだけの資金の余裕があったのだ。それはただ、お金があるからという理由だけではなく、高等教育を受けさせることで、社会に出てからの収入や地位の向上を期待していたということも大きい。

本来、大学卒の人間が少なければ少ないほど社会で重宝され、企業内でエリート扱いされる。高等教育を受けさせるのは、親にとっては一種の投資であり、卒業後のリターンを考えてのことでもあった。昔は大卒者が少ないことで、そのリターンが保証されていたのだ。実際、高学歴が高収入に直結していた時代が長く続いた。

今でも高学歴が高収入に直結する面は残ってはいるが、30年程前の威力はない。ただ、今でも勘違いしている学生はいるようだ。中高一貫校の進路指導教諭が言う。

「東大生は学生の時には最難関大学に合格したことで、周囲からは畏敬《いけい》の目で見られ、それはそれでいい気分だったわけですが、社会に出れば学歴など何の関係もなくなるため、そのギャップにとまどい、学生の時と同じ評価をしてもらえないことに不満を覚える学生もいるようです」

30年前の給料格差を見てみよう。厚生労働省によると、1986年の大学卒の初任給の平均額は男子が14万4500円、女子の事務系が13万8400円だった。高校卒の男子は11万5400円、女子は10万8500円だ。大学卒と高校卒では、およそ3万円の差があった。10万ちょっとの初任給でこの差は大きい。こういった大学卒と高校卒の給与格差も、子どもを大学に進学させる親のモチベーションになったと考えられる。

そのうえ、大卒者のほうが出世が早かったこともある。出世レースに差がつくことが、高校卒の親が子どもを大学に進学させようと考える強い動機になったのだろう。特に母親は、父親が出世できない理由を、学歴に求めがちだったこともあったと推測できる。せめて、子どもだけはお父さんのような苦労をさせずに、大学に進学させたいとの思いが強くなっていくのは自然の成り行きだ。

確かに現在の大企業の役員は、ほぼすべて大学卒で、しかも有名大学出身の人ばかり。雑誌などでも大学別社長数ランキングなどの特集をよく見かける。その人たちが大学に進学した頃は、４人に１人とか５人に１人しか大学に進学していない時代だ。高校卒業後、進学せずに働く人が圧倒的に多かった時代。大企業に入って役員にまで上り詰《つ》めたのは大学卒だけということになる。その途中でも大学卒だけの出世レースがあったことは想像に難くない。

大学進学がゴールだった時代から、スタートの時代への転換

学歴で収入、出世に差がつくことを親はわかっており、子どもを大学に進学させようとの考えが広がった。さらに、この間、大学数が増えたことも見逃せない。

60年前の１９５６年に大学は２２８校、短大は２６８校だった。なんと短大のほうが多かったのだ。大学は65年に３１７校になり、73年に４０５校と、あっという間《ま》に

増えていく。2003年には702校と増え続け、15年には779校になった。60年前の3・4倍の大学数だ。ピークは12年の783校で、ここのところ少しずつ減ってきている。さすがに少子化で、大学を新設しても学生募集に苦しむのは目に見えているからだろう。

2016年は1985年以来31年ぶりとなる新設大学がゼロの年だった。ところが、来年は4校の新設が予定されている。現在の大学数と合計すれば、来年は過去最高の大学数となりそうだ。少子化で受験生の数は減っているが、看護、リハビリテーション、幼児教育など、人材が不足している分野の大学が新設予定だ。

かつて、田中眞紀子《たなかまきこ》元文部科学大臣が「日本の大学は多すぎるので、大学の新設を認可しない」などと発言して物議《ぶつぎ》をかもした。しかし、日本私立学校振興・共済事業団の調査によると、現在、私立大のおよそ43%が定員割れしており、多すぎると指摘されても仕方ないだろう。

一方、短大は62年に300校超えの305校となった。そのわずか4年後の66年には413校、73年には500校に達する。ピークは96年の598校で、その後減少に転じる。同年に短大進学率も下がり始める。
98年には短大が５８８校、大学が６０４校で、初めて大学が短大を上回った。その後も大学と短大の設置数の格差は広がっていく一方となる。今や短大は３４６校に減少している。日本私立学校振興・共済事業団の調査によれば、短大の３分の２が定員割れを起こしているほどだ。

短大とて、高校生が短大より４年制大学にシフトしはじめたのを指をくわえてみていたわけではない。改革を行なわないことには生き残れないことはわかっていた。短大そのものを４年制大学に改組《かいそ》するとか、併設大学がある場合には、併設大学の学部に改組するなどを積極的に行なった。慶應義塾看護短大は88年に新設されたが、２０01年に慶應義塾大の看護医療学部に改組された。成城大短大部も学生募集を停止し、翌年、社会イノベーション学部を新設している。この他でも明治大、東洋大など、短大の学生募集を停止し、学部を新設した大手大学は多い。

短大のままでの存続の模索も行なわれたが、どれもあまりうまくいっていない。それでも短大を残している大学も少なくない。大学と短大を併設する東京の学校法人の関係者がこう明かす。

「短大は厳しい状況にあり、廃止したいのはやまやまなのですが、すでに大学に同じ系統の学部があるため新学部設置とはいかず、教員を併設大学に吸収することができません。かといってクビにするわけにもいかないジレンマがあります。それと、戦後すぐの頃は大学の生徒募集が厳しく、短大は志願者がたくさんいて、短大が経営を支えていたこともあって、なかなかドライに短大を閉めるという決断ができずに、先送りされている面はあります」

大学生は4年間在学するが、入学金は1回しか払わない。しかし、同じ4年間在学でも短大生だと2年で卒業するため2人となり、大学生に比べて入学金が倍入ってくる計算になる。それだけ短大の収入は多いのだ。しかし、これは学生が集まってのこと。今、短大を残している有名大は、上智、青山学院、南山など数えるほどだ。

短大を廃止して、併設大学の学部に改組することは人気大学の場合はうまくいく。新学部ができて、受験生は選択肢が広がり、難易度も併設大学の他学部並みになるからだ。ところが、短大が新しい4年制大学に変わると、まったく新しい大学との評価になるため、いきなり人気を集められるはずもない。

すでに大学のヒエラルキーは成立しており、短大ではトップのポジションでも、大学になると未知数との評価になる。新規参入の大学がいきなり難易度が高く評価されるわけもない。そのうえ、少子化で既存の大学だって入りやすくなっているため、高校生はわざわざ新設大学に進学するメリットを見いだせなかったともいえる。

まったく新しいコンセプトの大学に変わるならわからなくもない。秋田の国際教養大のように、授業はすべて英語、1年間の留学必須、1年生は全員が外国人と一緒の寮生活などの大学に生まれ変わったら人気を集めよう。しかし、短大の教員を生かしながらの大学・学部新設では、既設の大学・学部との差別化が難しい。しかも、新しいことに飛びつきやすい高校生でも、大学選びだけは伝統重視で保守的なものだ。大学とミスマッチを起こして、再受験ともなれば余計なお金がかかるため、親とも相談して慎重な大学選びになるのだ。

短大から4年制大学に改組して成功しているのは、学習院女子大など数えるほどしかないと言われている。東京女学館大は学生募集を停止したが、元は短大だった。

その一方で、学生募集を停止してしまった短大も多い。これ以上の学生集めは無理との判断からだろう。したがって、短大の減少に歯止めがかからない。代わりの受け皿である大学や学部が増えているのだから、当然、大学進学者が増えていくことになる。

皆が大学に行くようになると、社会で大学卒業者が少ないから重宝された時代は終焉《しゅうえん》を迎える。大学進学の意味が変わってくる。皆が進学するわけだから、大学卒という資格だけでは差がつかないのだ。

大学に入学すれば、将来がある程度、約束されていたその前提が崩壊した。大学に入学しさえすれば、その後、アルバイトに精をだそうが、遊んでいようが、大学にあまり通わずとも進級できて、卒業すれば大企業に就職できた時代は昔々の夢物語になってしまったと言えるだろう。

年配の人に話を聞くと、大学時代に一所懸命に勉強した話はほとんど聞かない。その一方で、受験勉強を熱心にやった話だけはよく聞く。けれども、そんな時代はとっくに終わっている。それこそ古きよき時代の昭和の大学生だ。大学進学はゴールだった時代から、今やスタートの時代に変わってきたのだ。

難関大学を目指すのなら受験勉強をしっかりやるのはもちろんのこと、入学後もしっかり学ばなければならない時代になってきている。つまり、今は大学卒という肩書だけでは差がつかず、有名大学を出たのか、学生時代にどのようなことを学んできたのか、英語は話せるのか、どのようなスキルを身につけたのか、サークル活動は何をやっていたのか、資格は何を持っているかなど、さまざまなことが就活時に問われるようになってきている。

将来の自分のキャリアをしっかり考えながら、大学進学している高校生も増えている。高校でのキャリア教育が進んだこともある。その結果、将来、自分は何をやりたいのかを明確にして、学部を選択したうえで大学を選んでいる。

真面目《まじめ》に授業に出て、しっかり勉強して、いい成績をとらないことには就活の時に不利になる。大学の成績もＧＰＡ（成績評価）制度を使って、厳格に管理されるようになってきた。受講者全員が「優」を取るようなことはありえず、必ず差がつく形で成績をつけるようになっているのが、この評価制度だ。楽勝科目（今は楽に単位が取れるという意味から〝楽単科目〟という）は、ごく少数になってきている。

授業への出席管理も厳しくなってきており、学生証をかざして出席を取るのも普通になってきている。出席も成績評価になることから、真面目に授業に出ることでいい成績をとって、他の学生との差別化を図《はか》ろうという考えの大学生が多い。また、大学の中には欠席が続く学生に対して、連絡を取って出席を促す大学も増えてきている。それも大学の面倒見の良さと評価され、保護者も安心する。ただ、出席重視の弊害もあるという。東京のミッション系の人気大学の教員が言う。

「以前なら試験の成績が悪いのは、授業に出席していない学生と決まっていました。ところが、最近では授業に真面目にすべて出席しているのに、試験の成績が悪い学生が出てきているのです。授業に出席することが目的になってしまい、出席することで学んだ気になって勉強せずに試験を受けるからかもしれません」

大学の学費は今、どれぐらいなのか

このように大きくその姿を変えてきた大学だが、肝心の学費はどれぐらいかかるのだろうか。大学通信の調査によると、2016年の学部系統別の学費平均は、表②（33ページ）のようになっている。

国立大と公立大は、入学金と授業料を合計すると初年度納入金になる。学部ごとの差はなく、どの学部に入学しても同じ金額だ。国立大は各大学ごとに学費を高くしてもいいということになっているが、上限が決められており、授業料は標準額の1割以内の値上げが認められている。ここでの金額は、あくまでもその標準額だ。国立大の初年度納入金は81万7800円。私立大よりも安いが、それでも高くて払えない家庭もある。首都圏の中堅レベルの公立高教員が言う。

「真面目に勉強する優秀な生徒がいましたが、高校2年生の時に父親が経営していた会社が不況から倒産して父親は夜逃げ。家を追い出されて母親と兄と暮らしていましたが、生活に追われる毎日で、兄は通っていた専門学校をやめて働き、本人も勉強どころではなかったと思います。問題集などを買うお金がない中、勉強を頑張って高校を卒業し、試しに受けた難関の東京工業大に合格したんです。しかし、結局、学費を工面《くめん》できずに入学せず、大学進学は諦《あきら》めて今は公務員として頑張っているようです」

公立大は地方自治体が設置した大学だから、設置した地元の自治体出身者とそれ以外の学生で学費に差がある。授業料は変わらないが、入学金で差をつけている。たとえば東京にある首都大学東京では、地元の東京の住民の入学金は14万１０００円だが、それ以外の学生は28万２０００円で都民の倍だ。当然のことではあるが、地元からの入学者優遇だ。

ただ、国公立大の入学金は、学部にもよるが、私立大の入学金より高くなっている場合が多い。私立大の中には、入学金を徴収しない大学も出てきている。

私立大は入学金と授業料を合計しても、けっして初年度納入金の全額にはならない。これ以外に施設・設備費や実験・実習費など、さまざまな項目で徴収される分があるからだ。

それ以外の金額が必要な場合もある。たとえば、国際系の学部では留学にかかる費用が個人負担のため、学費には含まれていないことが多い。留学が卒業要件の場合は、渡航《とこう》費

（単位：円）

総費用平均
4, 239, 789
4, 310, 047
4, 530, 131
4, 474, 383
5, 905, 753
33, 208, 552
6, 493, 857
6, 038, 467
12, 012, 288
7, 816, 339
13, 268, 748
5, 697, 350
27, 030, 529
2, 425, 200
3, 496, 800
2, 382, 562
3, 458, 276
2, 549, 150
3, 624, 864

表② 学部系統別学費の平均

設置	学部系統	入学金平均	授業料平均	初年度平均
私立大	法・政治	235,164	733,215	1,226,945
	商・経済・経営	234,622	730,680	1,250,487
	国際系	222,939	775,541	1,289,044
	文・人文	239,408	762,622	1,299,049
	理工	238,526	1,017,930	1,614,732
	医（6年）	1,273,333	2,749,167	7,565,275
	看護	290,489	1,048,640	1,838,091
	医療技術	264,798	980,995	1,697,957
	薬（6年）	333,704	1,454,641	2,249,705
	薬（4年）	322,222	1,212,867	2,013,562
	獣医	272,000	1,298,000	2,283,348
	農学	236,250	897,375	1,566,650
	歯	564,706	3,148,824	5,369,941
国立大	全学部（標準額）4年	282,000	535,800	817,800
	6年	282,000	535,800	817,800
公立大	全学部（地域内）4年	231,133	537,857	768,990
	6年	231,133	537,857	768,990
	全学部（地域外）4年	397,721	537,857	935,579
	6年	397,721	537,857	935,579

大学通信調べ　※二部・夜間は除く（2016年春）、公立大は2015年参考

や滞在費が必要になってくるというわけだ。

表②を見ると、私立大では学部系統別に学費が大きく異なることがわかる。医療技術系とは理学療法士や作業療法士などを目指す学部のことだ。初年度納入金平均は文系が総じて安く、理系がかなり高くなっている。

今の受験生は現役での大学進学志向が強く、浪人する受験生は少数派だ。特に文系でその傾向が顕著《けんちょ》だ。東京の私立男子進学校の進路指導教諭がこう話

す。

「ほんの10年前までは、現役でMARCH《マーチ》（明治大、青山学院大、立教大、中央大、法政大）に進学する生徒は、皆から不思議がられていました。浪人すれば早慶に行けるのに、なぜ？っていう感じですね。昔は当人としても難関大学に、という流れがありました。それが今は現役でMARCHに進学するのが当たり前になってきたと感じています」

受験生がもっとも多かったのは1992年。18歳人口は205万人もいた。それが昨年は少子化によって120万人に減り、92年のおよそ6割にまで減少している。大学志願者も92年は92万人もいて、入学者は54・2万人だった。それが昨年は志願者は66・2万人に減少し、92年と比べて28％も減少している。これに対して、入学者は61・8万人で逆に14％増えている。志願者が28％も減っているにもかかわらず入学者が14％増えたのだから、大学にはとても入りやすいのだ。

したがって、ほとんどの受験生は現役で大学に進学する。逆に考えると、これだけ入りやすくなっているのだから、頑張って第一志望の大学を目指せばいいようなものだが、そういう発想は少なく現役進学にこだわる。浪人して予備校に通うお金がもったいないこともある。それだけ経済的に厳しい家庭も増えているということだろう。

私立大のおよそ43%が定員割れを起こしており、数字の上だけで見れば、よほどのことがない限り入れる大学があるのだから浪人する必要もないのだ。しかも、志願者から入学者を引いた浪人候補者数は92年には37・８万人だったが、昨年は４・４万人にまで激減している。不合格になる人がほとんどいない状況になり、大学全入時代到来と言っていいほどだ。こんな状況で浪人するのは勇気がいる。

浪人するのは「どうしても医師になりたい」とか、「東大に行きたい」などと目的がはっきりしている受験生だけで、しかも一握りの人だけになってきている。私立一貫校の進路指導教諭がこう話す。

「本当に浪人しなくなっています。今までなら、手応えがありながら東大に落ちた生徒は悔しくて、捲《けん》土《ど》重来《ちょうらい》を期《き》して、浪人して東大を目指したものですが、今はほとんど全員といっていいぐらい現役で早慶に進学しますね。情報開示の時代になり、希望者には東大も何点差で不合格になったかを教えてくれます。それで1点差で落ちていても、もう一度、東大を目指そうとする生徒は少ないんです。うちは私立ですから、東大合格者数は大きなセールスポイントになるので浪人してでも受けてほしいのですが、そうもいかないですね」

昔は浪人生が多い進学校は、「進路指導を何もやっていない」と言われたり、「あそこは有名大学に合格者を送り出しているが、浪人時代を含めて4年制の高校」と揶揄《やゆ》されたりしたものだ。ところが今は、浪人生が多い高校は「安易に妥協させない」、「あくまでも目標に向かって努力させる教育を行なっている」と評価されるケースもあるという。価値観が大きく変わったことがわかる。特に文系で浪人生が少ないのは、私立大は文系学部の定員が大きいこともあり、どこかに入学できてしまうからだ。

また、浪人して1年間予備校に通ったところで、学費の安い国公立大に合格できる保証はなにもない。さらには文系学部では私立大の初年度納入金平均が、国立大の1・5倍ぐらいで、国私間の差がそれほど大きくないこともある。4年間の総額でも、もっとも安い法・政治系で、私立大は国立大の1・7倍だ。その結果、現役で合格した大学にそのまま進学する人が多くなっている。

　現役で大学進学することは親の願いでもある。最近は子どもも素直で、親の思いを汲《く》んで第一志望校進学にもこだわらず、現役進学を優先している。ただ、私立大文系でも学費の大学間格差はある。首都圏の一貫校の進路指導教諭がこう話す。

「難関私立大に特待生で合格して学費が国立大より安くなる場合でも、より難易度の高いトップ私立大に合格すると、特待生でなくてもトップ私立大に進学してしまいます。親としては特待生で合格した大学に進学してもらいたいものですが、子どもが望むならと、なんとか学費を捻出《ねんしゅつ》しようとの考えになるようです。進路指導をしてても、私立大でもこちらのほうが学費が安いから、受けますというのはあまり聞いたことがないですね。まあ、家庭の恥のようなところがあるので、お金のことは進路指導員に相談してこないのかもしれません。親の世代では、まだまだ偏差値信仰は強く、お金より１ポイントでも高い大学に進学してほしい気持ちがあるのかもしれません」

理系は私立大が国立大の倍以上で、医学部は9倍

ところが、理系になると事情が変わってくる。国公立大志向が強いのだ。その大きな理由の一つに、私立大の学費が高いことがある。理工系学部では、私立大の初年度納入金平均は、国立大のほぼ倍だ。さらに、4年間の総額では、私立大は国立大の2・4倍にもなる。そのうえ、難関大の理工系学部で顕著なのだが、大学院の修士課程まで進学する人が増えている。社会の高度化が進み、企業も大学院修了者を即戦力として求めるようになってきている。メーカーに就職した難関大の学生が言う。

「自分より優秀な同級生がいましたが、親の反対で大学院に進学せず就職したんです。私は出来が悪かったのですが、大学院を出て就職したら彼より給料が高く、大学院に行っていればよかったのに、と話すことがよくあります。大きな仕事のチャンスも大学院出身者から回ってきますから、学部卒にはチャンスがなかなか回ってこないようです」

大学院の学費まで考えると6年間になるため、国立大に進学したほうが安上がりとの考えは強い。その結果、浪人しても国立大を目指す受験生が少なくないのだ。もち

ろん、学費だけが理由ではないだろうが、大きな要因であることは間違いない。

　ましてや医学部となると、学費の国私間格差はあまりにも大きい。おいそれと私立大には進学させられないのが現状だ。私立大医学部の初年度納入金平均は７５６万円で、６年間の平均学費は３３２１万円にもなる。高額なところでは5千万円近い私立大医学部もあるほどだ。国公立大だと6年間で３５０万円ぐらいだから、私立大の初年度納入金平均の半分ぐらいで済む。私立大と国公立大の6年間の学費の差は、マンションを買うのと、トヨタのプリウスを買うぐらいの差になっているといえるだろう。

「国公立大医学部志望者にスベリ止めはない。北は旭川医科大から南は琉球大医学部までが志望校」とよく言われるのは、まさにこの学費の差にある。学費の総額は6年間で10倍近くの差になるのだから、浪人して予備校に通ったとしても国公立大医学部に進学したほうが、桁違《けたちが》いに安上がりなのだ。

　だから、医学部を目指している浪人生が多い。今年の医学部合格者に占める現役の割合は37%に過ぎない。東大でも合格者の66・8%が現役だから、はるかに少ないことがわかる。しかも、浪人生が珍しいのに、2浪以上となると、東大でもわずか2・7%に過ぎないが、医学部には4浪、5浪生もたくさんいる。国公立大医学部志望者だけでなく、地方の私立大医学部に合格できない受験生もたくさんいる。医学部人気は衰《おとろ》えを知らず高いままだ。私立大でも競争率は10倍を超えるところがほとんどで難易度も偏差値60以上。私立医科大の関係者がこう話す。

「多浪して入学してくる学生は医師の子がほとんどで、最近は歯科医の子どもも増えています。歯科医院がコンビニよりたくさんあるなどといわれて、子どもを医師にしたいと考える歯科医が増えているようです。学費も一時に比べて安くなったので、自営業やサラリーマンの子どもも入学してきており、値下げ効果があったと見ています」

最近、私立大の医学部は学費の値下げで人気を集めている。私立大医学部は学費と難易度が、一般的に反比例の関係にある。学費が値下がりすれば難易度が上がって入りにくくなり、学費が高いと難易度が低く入りやすいのだ。

具体的に見てみると、東京医科大は２００７年に２００万円近く初年度納入金を下げた。2008年には順天堂大が約2600万円、2009年には東海大が約3000万円、2012年に昭和大が約3000万円、2013年には東邦大、大阪医科大、関西医科大がともに約3000万円安くするなど、学費値下げラッシュとなった。

10年前の2006年に初年度納入金が1千万円を超えていた大学は10校あったが今は5校に半減した。初年度納入金が半額近くになったのが順天堂大、昭和大、東邦大だ。そうはいっても、もともと学費が高いのが私立大の医学部。学費が値下げされたといっても**表②**（33ページ）のような平均額。一般のサラリーマン家庭では、学費捻出がなかなか厳しいことは変わらない。

また、医学部人気に加えて、地方で医師不足が解消されていない。2016年には37年ぶりに、宮城県仙台市の私立東北医科薬科大に医学部医学科が新設された。17年は千葉県成田市に私立の国際医療福祉大が医学部を新設する予定だ。医学部の入試は厳しいが、いくら浪人しても医師になりさえすれば、投資したお金は回収できるという考えは強く、人気は続伸《ぞくしん》中だ。

医学部に次いで学費が高額なのは歯学部、獣医学科、6年制薬学部などだ。いずれも修業年限が6年で、卒業と同時に国家試験受験資格が得られる学部だ。こういった資格と直結している学部の学費は高めだ。学費総額の平均でも歯学部が2703万円、獣医が1327万円、薬学部6年制が1201万円だ。6年分だから高いのはわかるが、いずれも1千万円超の高額。この学費をどう捻出するか、保護者にとっては頭の痛い問題になってきている。

国立大の初年度納入金は40年前の5・6倍

大学進学者がどんどん増えていた時代は、大学は学費を強気に値上げすることができた。大学に進学したい人はたくさんいるのだから、学費が少々高くても学生募集に苦しむことはない。言うなれば買い手市場なのだ。

そのため学費は事実、どんどん値上げされてきた。基本的に大学は定員を充足《じゅうそく》すれば経営が成り立つ仕組みだから、入学希望者が多く、受け皿である大学が少ない状態ならば、学費値上げは学生募集に大きく影響しない。さらに、たくさん受験してくれることで、受験料収入も増える。

とはいっても、大学はやみくもに学費を値上げしてきたわけではない。大学が恐れたのは１９７０年代にあった激しい学生運動だ。70年安保と呼ばれた新日米安全保障条約をめぐる政府とそれに反対する勢力の闘争が起こり、大学生でも反対派が増え、この闘争に巻き込まれていく。大学が闘争の拠点になり、ロックアウトなどが起こったのだ。さらには、私立大の学費値上げ反対闘争が起きたことで大混乱を起こした。

こういった闘争は、東大のシンボルでもある安田講堂へ学生が立てこもり、機動隊がこれを排除した事件に象徴される。１９６９年には学生運動が原因で、東大の入試が実施できなくなったほどだ。

しかし、この時代以降、政治的な学生運動や学費値上げによる学生の授業ボイコット、ストライキなどが、燎原《りょうげん》の火のように全国の大学に広がることはなかった。一部の大学に活動家が残っただけだ。ただ、大学としては警戒せざるを得ない。大学の学生運動アレルギーがずっと続いてきたのはそのためだ。

学費値上げだけではなく、大学では寮の建設も長い間、行なわれなかった。寮が学生運動の拠点になっていたため、建設にアレルギーがあったのだ。それが、最近では留学生受け入れには外せない施設となってきたため、日本人学生と留学生が一緒に住む国際寮として建設が進むようになってきている。

それ以外でもサークル棟や学生会館など、拠点となっていた建物は、耐震ということもあって、次々と建て替えられ、学生運動の名残《なごり》の建物は、キャンパスから一掃されている。

かつて所狭《ところせま》しと立てられ、独特な書体で書かれていた大学名物の政治的看板（タテカン）が残っている大学など今やほとんどない。大学での政治活動は、かつてに比べると明らかに下火《したび》になってきている。

その間、学費は物価指数に合わせスライドして値上げされていく制度が導入され、徐々に高くなっていった。在学中でも上がる。物価指数が下がれば学費は据《す》え置かれ、値下げされることはなかった。

50年ほど前の1967年の私立大文系学部の初年度納入金は20万円前後に過ぎなかった。入学金が5万円前後、授業料は8万円ほどで、それに施設・設備費などが加算されていた。もっとも高い医学部でも50～70万円ぐらいだった。今は、その当時の7

表③ 初年度納入金平均推移グラフ

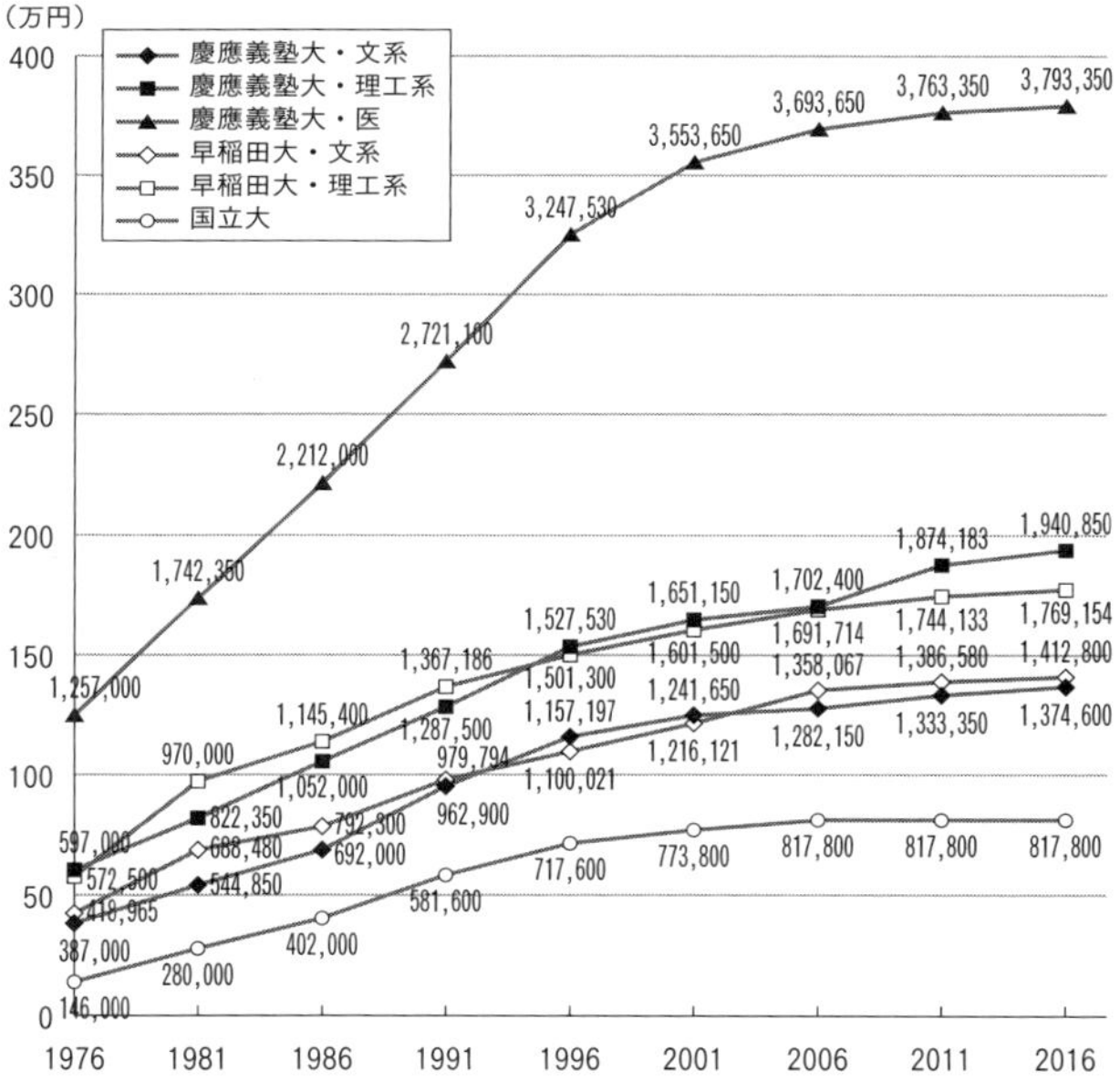

大学通信調べ

〜10倍になっている。私立大とはいえ、今の国公立大の初年度納入金約82万円より、はるかに安い金額だった。

こんなに安かったのに、いったん値上げの流れが生み出されると、その速度はとても早い。表③を見てほしい。国立大、早稲田大、慶應義塾大の初年度納入金の推移グラフで、1976年から5年ごとの40年間の学費の推移になっている。

40年前の１９７６年の国立大の初年度納入金は14万6千円だったのが、今では５・6倍の81万７８００円になった。たばこの値段で比較してみると、２０１５年は１９７６年の3倍ほどの値段だ。それに比べると、学費ははるかに高くなっている。

ただ、国立大の学費は、これでも入学金は２００２年から15年間、授業料は05年から12年間据え置かれている。

私立大では早稲田大の文系が40年前の41万８９６５円から今年は１４１万２８００円に、３・３倍に値上がりしている。慶應義塾大の文系は40年前の38万7千円から、今年は１３７万４６００円の３・６倍に値上げされている。

次に理系を見てみよう。早稲田大の理工系は40年前の57万２５００円から今年は１７６万９１５４円で３・１倍に値上がり。慶應義塾大の理工は59万7千円から１９４万８５０円で３・３倍、医学部は１２５万7千円から３７９万３３５０円と3倍に値上げされている。

私立大より国立大の値上げ幅のほうが大きい。40年前には早慶の文系の初年度納入金は、国立大の2・7〜9倍と大きな差になっていた。理系は3・9〜4・1倍、慶應の医学部は8・6倍だった。それが今では文系では1・7倍まで、理系では2・2〜4倍まで、慶應の医学部は4・6倍までに差が縮《ちぢ》まってきている。それだけ国立大の学費が高騰しているが、私立大とてけっして安くなっているわけではない。

高騰する学費にどう立ち向かっていくか

大学の学費がこれだけ値上がりすれば、親の子どもにかける教育費もうなぎのぼりになってきた。家計を直撃し、高い学費を払い続けられるのかどうかが問われている。それでも親のなんとか子どもに高等教育を受けさせてあげたい気持ちは変わらない。保護者の経済的格差はますます広がり、裕福と貧困の二極化は、とどまるところを知らない。

ほぼ「全入」に近い首都圏の私立大学の教員が言う。

「授業を履修《りしゅう》している学生は、父親がリストラされて離婚して母親と一緒に暮らしているような、経済的に困窮している人が本当に多いのです。それなのに、大学に入学して来るのは、母親がせめて子どもは大学に進学して、父親のようにリストラされないでほしいとの考えからです。

ところが、高校の時から生活を支えるために、ずっとアルバイトばかりしていた生活を送ってきたために、ほぼ全入の大学ですから勉強しなくても入学はできるんですが、大学に入学しても勉強の仕方がわからないんです。今まで勉強をしたことがないからです。大学の教員が何を話しているのかも理解できない、などという学生が多く、結局、面白くないので大学に来なくなって、またアルバイトに精を出すケースも多いのです。特に厳しい生活の中から学費を絞り出し、翌年の学費の準備ができていないために、またアルバイトに力を入れる学生もいます。

高校の時にしっかり勉強していれば、文系でも学費の高いうちのような大学ではなく、学費の安い上位大学に行けるのにと思ってしまいます。中には、そのアルバイト先で知り合った女性と仲良くなり、子どもができて、よりいっそうバイトに励むという本当の貧困サイクルに陥《おちい》る学生もいます。やる気のある学生は研究室に呼んで、勉強の仕方から教えています」

昔も今も親の子どもを大学に進学させたい気持ちは変わらない。高度成長期には、子どもの「将来の収入や出世のため」、ところが同じ世代の半数が大学に進学するようになっても、「リストラされないため」との考えから大学進学に親はお金をかける。まさに親心だ。進学は何も大学だけではないはずで、学びのスタイルもさまざまだが、そこまで気が回っていないのかもしれない。

高度成長が始まる前は、日本全体が貧乏だった。家にお金がなく、大学進学を希望しながらも諦めるケースは少なくなかった。団塊の世代はまさにそうだ。少子化の今とは違って、たくさんの兄弟姉妹がいたこともある。経済的な面から、子どもみんなを大学にまで進学させられない。子どもが多く上の子と下の子で歳が離れている場合など、親だけでなく兄弟が力を合わせ、末の子だけを大学に進学させるケースもあった。まさに一家の命運《めいうん》が自分の両肩にのしかかっている状態で大学で勉強していたのだ。

ただ、一般的には、勉強したいのに就職せざるを得ない家庭が多かった。今は向学心より前に、無理に進学している面は否定できない。当時、勉強したいのに経済的な理由から進学を諦めていた人は、働きながら学んだ人も多かった。昼間は正規の雇用者として働きながら、大学の夜間部に通ったのだ。勤労学生と呼ばれていた。昼は働き、夜、大学に通うわけだ。大学を卒業して、公務員などに転職した人も多かった。

しかし、今や勤労学生はほとんどいなくなっている。高校生が皆と同じように昼間部に進学を希望することもある。別に大学の夜間部を卒業したって、卒業証書に夜間部と書かれるわけではないのに、皆と違うことをするのを嫌う。いまどきの若者の傾向そのものだ。親としても他の子と同じように、昼間部に通わせたいと、経済的に無理をしているのだ。

その一方で、夜間部は多くの大学で廃止されるようになってきている。まさに絶滅《ぜつめつ》危惧種《きぐしゅ》といっていい状態だ。早稲田大、明治大、中央大、青山学院大、法政大、同志社大など、大都市の大手人気大学で廃止が進んだ。理由は学生が集まらなくなったことだ。

1992年に約14万3千人もいた夜間部の志願者が、昨年は約7800人に減っている。およそ18分の1に激減だ。もちろん、大手大学に夜間部がなくなったから、志願者が減ったこともあるが、夜間部を残している大学でも、3分の1ぐらいに志願者が減っているところもある。

また、夜間部そのものを廃止するだけでなく、昼間の授業も履修できるようにして、フレックス制に変えた大学も多かった。夜間部を昼間部に変える大学も多い。それによって難化する。早稲田大は夜間部だった社会科学部を昼間部にし、第二文学部は第一文学部とあわせて改革して文学部と文化構想学部を新設した。

夜間部が廃止されたのには、志願者が減ったことに加えて、入試の構造的な変化にも理由がある。1992年の受験生人口ピーク時には、入試はたいそう厳しく現役での大学合格は難しい状況だった。その時に昼間部不合格者の受け皿として、有名大学の夜間部が人気を集めた。受験生にも「有名大学なら夜間部でもいい」という考えがあった。とりあえず夜間部に入学し、3年次に昼間部への編入を考える学生もいた。ただ、これは大変な難関試験だった。

しかし、それが少子化によって大学に入りやすくなり、わざわざ夜間部に進学する必要がなくなった。難関大でも昔に比べれば、昼間部に合格しやすくなってきたのだ。基本的に受験生は他の大学生と同じように、昼間部に進学することを希望している。現在、国立大でも福島大、静岡大、香川大など、定員を割っている夜間部もある。

このように夜間部のニーズが下がったため、志願者が減ってきた。さらに、大学側からしてみれば、夜間部も昼間部不合格者の受け皿だった時代には、優秀な学生が入学していた。しかし、大学に入りやすくなるとともに、だんだん入学者のレベルが下がってきたことも廃止に踏み切る理由となった。今、残っている大手の大学の夜間部は、東京理科大、日本大、東洋大、専修大など数えるほどしかない。

さまざまな要素が絡《から》んで、廃止されてきた夜間部だが、保護者の経済格差が広がるにつれ、近年、見直しが進んでいる。東洋大の第2部（イブニングコース）を見てみよう。文、経済、経営、法、社会、国際地域の6学部に第2部が設けられている。この5年の一般入試の志願者数推移は合計で1322人（2012年）→1783人（13年）→1677人（14年）→2303人（15年）→2559人（16年）で、今年は5年前の倍近くに増えていることがわかる。初年度納入金は71万5000円で、東洋大の文系学部の平均約１１６万円より安い。夜間部の志願者増加を見ると、経済的に困窮している家庭が増えていることがよくわかろう。

さらに、短大や専門学校などに、経済的な理由から進学する人が少なくない。修業年限が短く、早く社会に出て働くことを考えての選択だ。進学する学生の目的意識も高い。高校の進路指導教諭は「最近は、これを学びたいとか、こういう道に進みたいとか決まっていない生徒ほど、とりあえず大学に進学する傾向が強くなっています」という。

また、これだけ大学に入りやすいのに、あえて短大を選ぶ受験生の中には、短大から大学への編入制度の活用も視野に入れている生徒もいる。高校の進路指導教諭がこう話す。

「受験生の時に難関の４年制大学に不合格になって、結局、短大に進学した生徒がいました。それが短大卒業時に受験生時代に不合格になった難関大に、３年次編入試験に合格して入学したのです。有名大学なので就活も、うまくいったようです。大学の中には学部にもよりますが、編入学定員を設けている大学が国公立大を含めて数多くあり、そこを狙うのも一つの方法です」
経済格差で、少しずつ学びのスタイルが変わり始めている。

学費値上げは、大学の経営にも大きく影響

学費の値上げは、私立大の経営の問題にも絡んでいる。多くの私立大の収入は、学生納付金がほとんどを占めている。8割近くが学生の納付金だ。国からの補助金は2015年度は9・9％になり、44年ぶりに1割を切った。したがって、学費を値上げすれば収入が増えることはわかっているのだが、あまり学費を値上げすると受験生が負担増で志望しなくなる可能性を懸念《けねん》している。私立大は経営努力で、学費を据え置いてきた面も否定できない。

一方、大学の支出の半分以上を占めるのは人件費だ。人件費は物価とともに上がり、人件費を抑えれば、今度はいい教員が集まりにくくなる。各教員の研究費を下げるのも方法だが、これも大学の教育力、研究力に影響する。

受験生が多かった時代には、関係なく学費を値上げしていた。学生数の多い大学関

係者によると、「学内で新校舎を建てることは決まったものの細部まで案が決まらず、1年以上も経ってしまったことがありました。その間に資材が高騰し、予算を上回ることが確実になってきた時に、『その分、来年の学費を値上げすればいいのだから急いで議論をまとめず、いい校舎を建てましょう』という意見が出たことがありました」という。今ではありえないことだが、そんな発想が大学中枢《ちゅうすう》部にはあった。

今後、高い学費はさらに上がっていくのだろうか。国立大は学生の納付金と国からの交付金で成り立っているが、この交付金が毎年１％ずつ削減されている。もちろん、国立大はこぞって反発している。ただ、すでに影響が出ているという意見もある。国立大関係者が言う。

「今年、東大が世界の大学ランキングで順位を落としましたが、この予算減が研究費の削減などに、じわじわと効《き》いてきているのではないでしょうか」

交付金カットで国立大の財政は厳しい状況に置かれているが、それで学費が大きく値上げされるのではないかとの憶測を呼んでいる。２０１５年の衆議院・文部科学委員会で「授業料は15年間で40万円値上げして約93万円になる」という答弁があって話題になった。入学金を加算すると、私立大の文系並みの初年度納入金になってしまう。これでは国立大進学も厳しい家庭が増えよう。ただ、これはあくまでも試算に過ぎず、今のところまったく値上げは考えていないという。確かに予算の削減が続けば、国立大が学費値上げに踏み切る可能性は否定できない。

他の学費値上げの懸念材料になりそうなのが、文部科学省の地方創生の一環《いっかん》として、各大学の定員の厳格化を進めていることだ。私立大に限らず、国公立大も入学者を確保するため、定員割れが起きないように入学者を多めに取ることが認められてきた。東大ですら、文科Ⅰ類、Ⅱ類、理科Ⅲ類以外は、毎年、定員より多めの合格者を発表している。東大を蹴《け》って他大学に進学する学生がいるからだ。東大の理系だと慶應義塾大医学部などに進学する。

入学定員が2000人以上の大規模私立大では、定員の1・2倍までの入学を認め、2000人未満の大学では1・3倍までは定員をオーバーしても認められてきた。これを超えると、国からの助成金がもらえない。

これが今年から段階的に、より定員を厳格に守ることを求められ、2018年には大規模私立大では定員の１・１倍を超えると助成金がもらえないことになる。入学者を減らすことは合格者を減らすことにつながる。今年の入試では大規模私立大で合格者を減らすところが多かった。２０１９年からは１・０倍を基本とし、これを超える入学者があった場合には、ペナルティとして超えた人数分の学費が助成金から減額される。逆に入学者が定員の０・95倍以上で１・０倍未満の大学には補助金が支給されることになる。

いくつかの大学では、定員増を申請している。定員増を行なった首都圏の私立大学の関係者がこう話す。

「うちは定員の１・２倍で予算を組んできており、これを変えるのは難しく、下回ると赤字になる可能性が高いので、定員増に踏み切りました。認可が下りてホッとしています」

しかし、定員増を行なっていない大学では入学者が減る分、学費の値上げで賄《まかな》おうという動きにつながる可能性はある。

地方創生で大都市圏の大規模私立大の入学者を減らすのが狙いだったが、このような定員増が実施されれば大都市の大学の入学者は大きくは減らないことになる。

さらに、延期されたが、いずれ消費税が10％に上がる。大学への納付金には消費税は関係ないが、大学が購入するものに関しては消費税がかかって請求されるため、出費がかさむことになる。そうなった場合、学費の値上げも考えられる。事実、８％の時には、大学は学費を値上げしたところは少なかったが、次回は、ということになりそうだ。

収入は増えないのに学費が上がり、子どもが優秀なら国立大に行けるが、それが無理となればやはり学費捻出に頭を痛めることになる。

第2章　奨学金は、家計の味方か子どもの敵か？

大学は高校と違って私立が7割、だから学費が高い

高校進学でも学費に苦しむ家庭が増えている。有名な中高一貫校でも、親のリストラなどで、授業料を滞納する生徒が出ているという。公立高は年収の制限があるものの就学支援金制度があり、これをもらうと授業料は無料になる。もともと公立高の学費が安いからできることだ。それ以外でも、各自治体が高校進学希望者に就学支援金を用意しているケースも多い。高校進学では、経済的な面で断念することがないよう手厚く支援されている。その結果、ほぼ100%の進学率になっているのだ。しかし、大学進学にはそのような制度はない。

そもそも根本的な問題は、大学教育の中心を担っているのが、国公立大より学費が高い私立大だということだ。

大学と同じく義務教育ではない高校と比べてみよう。国公立高に通う生徒は、全体の68・5%で7割近くを占めている。そのため家計の負担は小さくて済んでいる。

一方、大学はというと国公立大に通う学生は、全体の26・6%に過ぎない。およそ4人に1人だ。残りの4人に3人は、学費の高い私立大に通っている。

また、高校の場合、近年では公立高がバラエティに富むようになってきた。トップの受験生から下位の受験生まで、それぞれの希望や学力に合わせて進学できる特色ある高校が、数多く設けられるようになってきた。

たとえば東京では、進学に特化した進学指導重点校もあれば、それに次ぐ進学重視の高校、不登校の生徒が通える高校やこれまで実力を発揮できなかった生徒の力を伸ばす高校、英語にとりわけ力を入れる高校など、いろいろな種類の高校が設けられている。これは都立高校改革によるもので、推進したのが東京都知事だった石原慎太郎《いしはらしんたろう》だ。今や東京では学区もなくなり、全都から進学したい高校に行ける。

以前のように、すべての学校が同じで、入学者は偏差値の差異で振り分けられるような進学システムから変わってきているのだ。それだけ公立高は多様化し、特色ある学校が増えた。さまざまな受験生や保護者のニーズに応える努力をしてきたともいえる。公立高は都道府県や市が認可する学校だけに、地元の要望に応えるべく改革されてきたといえよう。

高校は全国に4939校あるが、そのうち国公立高が73・3％を占めている。高校のほとんどが、学費の安い国公立なのだ。だから進学者も多い。

私立高はというと、もちろん、以前からバラエティに富んでいた。進学トップ校もあれば、スポーツ強豪校、文武両道の高校、公立高不合格者の受け皿となる高校などがあった。最近は公立高も同じようにさまざまな学校が設置されるようになり、公立高の私立高化が進んでいる。

これが大学になると、事情はガラリと変わる。大学の設置者別割合を見ると、国公立大は全大学779校中22・5%を占めるに過ぎない。つまり、8割近くが私立大なのだ。当然ながら私立大に進学する学生が多くなり、私立大が大学教育の中心になっている。

今の大学入試は、国公立大人気だ。伝統があり難関の私立大が多い首都圏でも、近年は国公立大の人気が高くなってきている。やはり国公立大の学費の安さが魅力だ。それに加えて、地方では「官尊民卑《かんそんみんぴ》」の考え方が強いところも多く、国公立大人気がたいそう高くなっている。福岡にある高校の進路指導教諭がこう話す。

「他県にある国立大と地元の私立大に合格した生徒がいました。地元の私立大のほうが難易度が高く、しかも自宅から通学できるにもかかわらず、下宿して通うことになる国立大に進学しました。本人は地元の私立大に通いたかったようですが、親が国立大を勧めたからです。下宿代を考えれば、地元の私立大に進学したほうが安上がりなことはわかっていたと思いますが、最終的に国立大進学に決めました。親としては就職は地元に戻ってきてほしいと考えているのでしょうが、一度、地元を離れてしまうと地元就職には不利になる場合が多いです。それでも国立大進学を勧める保護者は少なくありません。官尊民卑の考え方なのでしょうね」

学費の安い国公立大に進学できれば、出費を抑えられ懐《ふところ》にやさしい進学だが、大学数は少なく人気で、簡単には合格できない。入試科目も多い。

国公立大はいずれの学部でも難易度はおおむね偏差値50以上。もちろん、最難関の東大や京大では70を超えるほど難しい。難関の国立大や国公立大医学部は、予備校や塾に通える資金力のある家庭の子どもが、合格できるような仕組みになってきている。東大生の親の年収は平均で1千万円を超えるなどという報道もあった。

私立大はというと、中には難易度の高い大学もあるが、どちらかというと少数派で、多くの大学・学部は難易度50未満。そのため、優秀でないなら私立大に進学せざるを得ず、学費がかかるシステムになっているのだ。高校と同じように国公立大がたくさんあれば、親はまだ、これほどまでに学費の捻出に困ることはなかった。

また、最近は文科省の地方創生の一環として、地方の私立大の公立大化が進んでいる。すでに高知工科大をはじめ、静岡文化芸術大、公立鳥取環境大など、私立大から公立大に変わった大学が増えている。それに今年から2校が新しく加わった。山陽小《さんようお》野田《のだ》市立山口東京理科大と福知山公立大だ。昨年まで、両校は山口東京理科大と成美《せいび》大だった。

今年、公立大となって初めての入試が行なわれた。それが大変な結果になった。山口東京理科大の昨年の一般入試の志願者は1395人だった。それが今年の志願者は約3倍の4149人になり、競争率も9・1倍まで跳ね上がった。

同じく昨年の成美大の志願者はわずか73人だった。それが福知山公立大となった今年、志願者は1569人で昨年の21・5倍の志願者となり、倍率もふた桁の17・1倍だ。昨年まででは、まったく考えられない大激戦となった。公立大になることで、大学の評価が大きく変わったことがわかる。

平均所得の2割を占める国立大の初年度納入金

地方にある私立大の多くが定員割れを起こしている。しかし、大学が定員割れしていようが、若者が少なく高齢化が進む地方にとっては関係ない。大学が地元にあることに大きな意味がある。地方活性化に一役買っているのだ。

仮に定員が１２００人の地方私立大があったとしよう。定員割れを起こして１０００人しか集まっていないとする。そうはいっても、地元にしてみれば１０００人もの20歳前後の若者と、それを教える教員が集まっていることになる。地元にもともと若者は少なく、さらに県外に出ていく若者も多く、外から若者が集まることは大きい。

学生や教員は、住むところ、食事など、地元にお金を落としてくれ、利益をもたらしてくれる。それだけではない。大学があることで、近隣の人たちの雇用も創出されている。それ以外にも、図書館や大学の学食など、近隣の住民が利用できるよう開放している地方の大学も多い。住民を対象にした公開講座などアカデミックな取り組みもあり、学園祭など地元を巻き込んで、活気をもたらしているのだ。

それだけにとどまらない。最近の大学教育では地域連携を重視しており、「町の活性化」に大学が一肌脱ぐことが多い。フィールドワークの授業だ。地元の特産品をどう売ればいいか、観光客をどう呼び込めばいいか、シャッター商店街の店舗を使ってどう町おこしにつなげるか、地元のお祭りをどう盛り上げていくかなどを、正規の授業として教員と学生、地域が一緒に取り組み始めている。こういったことは、大学と地元のつながりを深めることになり、学生も地元の大人やお年寄り、自治体などと接触する機会が増え、そのことにより学ぶことがたくさんある。教育効果も高い。このように大学の地元への貢献度は高く、なくてはならない存在になってきている。

その一方で、大学経営の視点からすると、1200人の定員を充足しておらず、定員割れしていることで経営は厳しい。そこで学生募集を停止して、大学を閉める話が持ち上がる。

ところが、大学がなくなったら地元にとっては大打撃だ。若者が少ない町に、大学があるからこそ若者が集まってきている。だから、住民としては、何とか存続させられないものだろうかとの話になる。その結果、私立大を公立大にして存続させることになるわけだ。地方の予備校関係者がこう話す。

「ひどい定員割れで立地も悪く、経営陣はやる気もなく大学の経営権を売りに出していましたが、話がまとまらなかった地方の私立大がありました。それがいつの間にか、公立大になり、経営陣は外れることになりますが、教職員はそのまま残るため、私立大の延命策としては最後の一手でしょう。公立大になって学費は値下がりするし、難易度は上がって難しくなり、定員は確実に埋まりますから、地元にとってはいいことずくめです。

今は国が地方創生の旗を振っていますから国からお金が出るのでしょうが、今後はどうなるかわかりません。この先、地方のほうが早く人口が減り、税収が減ることは確実なので、ずっと公立大を支えていけるのかどうか疑問ですね」

すでに公立大については、議会で存続させるかどうかの議論がしばしば起きている。他県から来る学生を教育して、しかもその学生は卒業しても大学のある地元にとどまらない。そういった学生に県民の税金を使う意味があるのか、他に使ったほうがいい、などという議論だ。いい教育をしてほしいのなら、国立大にしてもらえばいい、などという話が出る。地方自治体の財政も厳しい。

ただ、各地で経営が厳しい地方私立大の公立大化の検討が進められている。今後もこういった形での公立大化は増えていくと見られる。学費の安い公立大が増えるのは、受験生や保護者にとっては朗報《ろうほう》だ。

国公立大に進学できればいいが、それは少数派で本流は私立大進学になる。国税庁によると、2014年の1年を通じて勤務した給与所得者の平均年収は415万円だった。大企業、中小企業すべて含めての平均で、中小企業になるほど年収は下がるため、実態はもっと低くなると見られる。一時は450万円を超えていた平均年収は、2008年のリーマンショック以降ダウンしたが、ここに来て少し回復傾向にある。

この平均年収415万円に占める国立大の初年度納入金81万7800円の割合は、20%にもなる。私立大文系だと31%、私立大理工系だと39%、ほぼ4割にもなる。この負担はかなり大きい。

今からほぼ30年前の1987年には、平均年収は320万円だったから、この間、年収は１・３倍程度しか上がっていない。ただ、87年の国立大の初年度納入金は45万円で、今よりかなり安く、年収に占める割合も14％で今の20％より低かった。金額も割合も、今のほうが高いのだ。年収は増えているものの、それを上回る学費の高騰ということがよくわかる。

では、これだけ負担が大きい学費をどう捻出していけばいいのか。８割の高校生が卒業後、進学するのだから、親としてもなんとか学費を用意してあげたいものだ。もし用意できないとなると、やはり奨学金に頼ることになる。

奨学金は「もらう」と「借りる」の二種類

奨学金制度を設けている大学数は、独立行政法人日本学生支援機構（ＪＡＳＳＯ旧日本育英会を含む組織）の２０１３年度の調査によると、全大学の74・３％の５８１校だ。短大でみると約６割、専修学校では約２割が、独自の奨学金制度を設けている。

奨学金制度は大きく分けて二つある。将来、返済の必要がない給付型奨学金と、卒業後返済が必要な貸与型奨学金だ。言い換えると、「もらう奨学金」と「借りる奨学金」の二種類だ。奨学金を運営する団体はさまざまで、国や地方の公共団体、民間の育英団体、大学などの学校だ。

給付型奨学金制度は、私立大に数多く設けられている。初年度納入金から活用できる制度もあるが、この場合、入試での成績優秀者に対して奨学金を給付する大学が多くなっているのが特徴だ。入試で大学があらかじめ公表している基準をクリアーしているとか、合格者の上位5％などに入っているなどだ。合格して入学すると奨学金がもらえる。

初年度納入金に対する免除という形で奨学金が給付される場合が多い。授業料が4年間全額免除や半額免除などである。授業料だけでなく、入学金や施設設備費を含めた全額を免除する大学もある。給付する奨学金の金額は、大学によってさまざまだ。学費免除もあれば、お金を給付する大学もある。合格した順位で、差をつけている大学も少なくない。たとえば上位5％以内なら全額免除で、次の5％以内なら半額免除などという具合だ。上位10％以内の成績なら奨学金を受け取れる。

私立大は何校も受験でき、合格発表後に入学する大学を決められる。複数合格した場合、受験生や保護者は志望が高い順に選んでいくが、往々にして難易度の高い順に選んでいくのが普通だ。しかし、合格した大学の中で難易度が低く選択順位が下位であっても、給付型奨学金がもらえる合格だからと入学してくれれば、優秀な学生を確保したい大学の狙いどおりになる。こんな例があると、首都圏の超進学校の進路指導教諭が言う。

「優秀な生徒がいましてね、国立大と私立大の医学部にダブル合格したんです。当然、学費が安い国立大に進学するものと思っていましたが、なんと私立大に進学したんです。それが学費全額免除の奨学金がついた合格だったんです。真面目に勉強して6年間奨学金をもらい続けたため、国立大どころか、ほとんど学費にお金をかけずに私立大医学部を卒業し、親が大喜びしたと聞きました」

大学の狙いはそれだけにとどまらない。奨学金によって、経済的に厳しい家庭の優秀な学生を入学させたいとの狙いもある。

しかし、こういった給付型奨学金をもらえる合格を勝ち取ったとしても、大半の受験生は入学していない。それより奨学金はもらえないが、第一志望である難易度の高い他大学に入学手続きを取ってしまうのだ。なんとも、もったいない話だが、やはり難関大進学を望む受験生や保護者は多い。

だから、給付型奨学金がもらえる合格者の入学辞退が多い。入学者は募集人員を大きく下回っている。だからといって、給付型奨学金合格者を追加合格で増やすことはないため、奨学金受給者は実質的には少ない。大手私立大の入試担当者がこう話す。

「入学してくるのは、奨学金合格者として発表したうちの1割ぐらいに過ぎません。ただ、全額免除ですので入学者は国立大を蹴ったり、レベルの高い私立大を蹴って入学してきていますから、こちらの狙いどおり優秀な学生が入学しています」

入試での成績優秀者は予備校や塾に通える高所得の家庭の子が多く、奨学金に飛びつかないのかもしれない。

では、奨学金制度が充実している大学の例を挙げよう。医学部を除いて高額な給付型奨学金制度があるのが神奈川大だ。法、経済、経営、外国語、人間科学、理、工の7学部があるが、入学金と委託徴収金（計28万円）を除いた初年度納入金が免除される。その上、文系だと１００万円を4年間、理工系だと１３０万円を4年間もらえる。さらに、自宅外通学者は年間70万円を4年間もらえる。理工系の学生なら、初年度納入金の免除分に加えて最大８００万円の奨学金がもらえることになる。

奨学金がもらえる入試を一般入試とは別枠で給費生試験として実施している。神奈川大は創立者の考えのもと、開学当初から全国から経済的に困難でも大学で学びたい学生を募集するために、給費生試験を行なってきた。例年、12月の終わりに実施。２０１６年は全国19会場で試験を実施し、志願者は昨年より４１０人増えて７１０４人、給費生合格者は３１７人、競争率はなんと22・３倍だった。もっとも倍率が低かった法学部でも14・３倍だった。それ以外に一般入試免除で合格できた人が２４５３人だった。一般入試免除合格者とは、給費生としては不合格だが一般入試合格者と同じ合格ということだ。

奨学金は原則4年間もらえるが、継続のためには進級時の成績が問われる。入学後、サボる学生が出ないようにするためだ。成績が悪いと学年が上がってから、奨学金をもらえなくなる場合もある。大手大学の入試担当者が言う。

「学生の中には、いい成績をとらなければ、来年から奨学金をもらえないことが大きなプレッシャーになり、『大学生活を、心から楽しめないので奨学金を辞退したい』と相談に来る学生もいます」

今の学生は昔と違ってプレッシャーに弱い。真面目なだけに耐えられないこともあるのだろう。周りからの期待が大きいこともあるかもしれない。

別の大手大学の入試担当者は「今の学生なら、辞退したいと言い出すことも不思議ではありません。うちは学年が上がる時の奨学金継続の条件をかなり緩《ゆる》くしており、中の上ぐらいの成績で認めることにしています」と話す。大学によってさまざまで、よく研究しておく必要がある。4年間、給付型奨学金をもらうのは大変だ。それ以上に、入試で高得点を取るのは並大抵ではない。

予約制の給付型奨学金制度で、後は合格するだけ

本来、優秀な学生を入学させたいというのが、給付型奨学金制度を設ける狙いだ。ただ、最近では学生募集を目的に、給付型奨学金を活用していると見られる大学も出

てきている。

定員割れしている大学が奨学金として学費を４年間全額免除したり、半額免除したりして学生を入学させるのだ。たとえば、入学定員が８００人で、入学者は３５０人と5割以下のひどい定員割れの大学が２校あったとしよう。そのまま定員割れしている大学と、もう1校は学費全額免除で学生を入学させ、定員が埋まっているとする。

学生納付金の収入はどちらも変わらないが、定員が埋まっていれば文科省から補助金がもらえる。それ以外にも、たくさんの学生がいることで、他県からくる学生は部屋を借り、学生は食事を摂り、買い物をしてくれる人も倍以上になるため、地元にお金を落としてくれる金額が大きくなる。大いに地域貢献に役立っている。学生がたくさんいることで、キャンパスに活気が出る。

定員割れしている大学では、駅からの学バスなど、ほとんど学生が乗っていないこともある。それを見ただけで、学生募集がうまくいってないことが一発でわかってしまい、さらに人気を落とすことにもなる。定員を充足することに、大きな意味があることがわかろう。

この場合、学業成績が優秀でなくてもかまわない。それ以外の分野で秀《ひい》でた学生を入学させればいい。定員割れの私立大は4割を超えているが、定員が埋まっている大学でも、多くが学費を払っていない奨学生で充足しているケースもある。大学も背に腹は代えられないということだ。こういう大学を探せば、経済的な負担なく大学に進学できる。

さらに最近、増えているのが予約型の給付型奨学金制度だ。早稲田大の例を見よう。「めざせ！　都の西北奨学金」は保護者の所得制限があるが、2017年から半期の授業料を免除し、その支給は4年間続く。

募集は1200人で早稲田大に合格して入学すると、奨学金がもらえる方式だ。入試の時に優秀な成績ならもらえる奨学金制度は多いが、それではふたを開けてみないとわからない。経済的に苦しんでいるが、優秀な学生を入学させたいと考える大学の意図《いと》から生まれた方式だ。この方式なら合格すると必ず奨学金を受け取れるので、安心して受験勉強に励めることになる。

こういった制度は慶應義塾大など大手大学に多く用意されるようになってきた。それでも入学金や残り半期の授業料などが必要となるため、ある程度の教育資金が用意できる人向けといえる。

入試連動型だけでなく、入学後、成績優秀者に給付型奨学金を支給する制度は、ほとんどの私立大に用意されている。学業成績だけではなく、在学中に難関試験に合格したとか、海外大に1年間留学するための奨学金など、さまざまな制度が用意されている。ただ、こういった制度を十分に活用するためには入学しなければならず、初年度納入金を用意する必要がある。中堅の大学では、こんな不満も出ていると奨学金担当者が言う。

「大学の規模が小さいため、大学が用意した奨学金の種類が少なく、各学科1人程度しか全額免除の給付型奨学金を支給できません。そうなると、学科で1番になる優秀な学生は固定されていて変わらないことが多いのです。2番も決まっていて、この順番は変わりません。そうすると2番の学生が、1番の学生があまりにも優秀で抜くことはできないから、自分は結局、最後まで奨学金をもらえないと不満を漏らすのです。それで学内でも、このままの制度でいいのか、奨学金の支給額を減らして人数を増やしたほうがいいのか、今後、検討していくことになりました」

奨学金活用は、当たり前のことになってきている。経済的な問題で進学を諦めないためにも奨学金活用は必須だ。他にいい選択肢はない。

今は経済的に厳しい家庭が増えている。子ども2人を私立大の理工系に通わせている保護者がこう話す。

「上の子に続いて、今年から下の子も私立大の理工学部に入学しました。上の子の時は学費を用意できましたが、もう下の子の学費の面倒までは見きれず、奨学金を借りてもらいました」

奨学金制度というと、やはり国が用意したものを最初に思いつく。ところが、国の奨学金制度は貸与型しかなく給付型は一切ない。国としても給付型奨学金制度を設けていく予定で議論が進められているが、今後の話になってくる。

国の奨学金制度を運営しているのが日本学生支援機構（ＪＡＳＳＯ）だ。その調査によると、２０１５年にＪＡＳＳＯの奨学金を受けとっている学生は１３４万４６４０人に上っている。05年には１００万人を切っていたから、この10年で35％も借りる人が増えた計算になる。貸出額も15年は1兆1139億円で、10年前の1・5倍に増えている。それだけ経済的に困窮している人が増えているということだろう。

大学生の2・6人に1人が、JASSOから奨学金を借りていることになる。大学独自の奨学金制度と合わせると、今や大学生の2人に1人が、なんらかの奨学金制度を活用する時代になってきた。

これだけ多くの大学生が活用しているJASSOの奨学金制度だが、すべて貸与型で全大学生の4割以上が、将来、奨学金を返済していかなければならない。

借りるべきか借りざるべきか、それが問題だ

JASSOの奨学金制度は、無利息の第一種と利息付（在学中は無利息）の第二種、その両方を併用する3つの方式がある。第一種のほうがハードルは高い。奨学金は月々振り込まれる。

奨学金に応募するにあたっては、保護者の所得制限が設けられている。たとえば第一種は4人世帯、自宅通学で1年間の家計収入が国公立大は776万円程度、私立大

は824万円程度が上限だ。第二種は国公立大が1120万円程度、私立大は1167万円程度で、第一種より条件は緩和されている。事業所得者はもっと安い設定になっている。

給与所得者の平均年収は415万円だから、ほとんどの人がどちらにも応募できることになる。さらに、第一種については成績基準もあり、高校2〜3年の成績が5段階評価で平均3・5以上必要だ。これは、それほど高い成績ではない。

第一種奨学金は、自宅か自宅外、国公立大か私立大で細かく分けられている。私立大の自宅外の場合がもっとも多くもらえ、6万4000円の奨学金だ。4年間借りた場合は、総額307万2000円になり、JASSOが定めた18年での返済で、月々1万4222円支払うことになる。もちろん、繰り上げ返済が可能だ。

一方、第二種は3、5、8、10、12万円の5種類があり、この中から自由に選ぶことができる。12万円の奨学金を4年間フルにもらったとすると、総額は576万円になる。実績利率の0・63%で計算すると、20年で返済して返済総額は614万9683円、月々2万5624円を返済しなければならない。これが上限利息の3%だったとすると、返還金額総額は775万円になり、20年で返済しても月々3万2292円になる。

この他にも入学時特別増額貸与奨学金（利息付）があり、10〜50万円を借りられる制度や、大学入学前に奨学金を借りる予約制度もある。

借りるに当たっては連帯保証人が必要だ。場合によっては、保証会社を利用することができるが、保証会社には月々数千円の支払いが発生するため、保証人を用意する人が多いという。保証人は2人必要でいとこまでの親族だ。

こうした貸与型奨学金の返済は、卒業した7カ月後から始まる。3月に卒業したら10月から返済開始で、以降、毎月返済していくことになる。

JASSOでは支払い軽減の取り組みを行なっている。経済困難、疾病《しっぺい》、災害などで奨学金の返済が困難になったら毎月の返済額を半分に、その分、返済期間が延びる制度や、返済期限を猶予するような制度も設けられている。卒業生が返還した金額を、次の学生が借りていく制度だからこそ、返済は重要なのだという。しかし、このような返済を待ってもらえる制度を知らない人が多いこともあるが、滞納する人が多いという。

ただ、景気回復もあって延滞者は減少傾向にあるようだ。3カ月の延滞者は2011年の12月の調査では19万7千人いたが、15年の1月調査では17万3千人に減少している。返済が必要な人全体に占める割合も、6・5%から4・7%に改善している。減っているとはいえ17万人、4・7%の人が払えないでいるのだ。

JASSOは奨学金を借りて卒業した人に、アンケート調査を行なっている。その結果を見ると、延滞者の常勤社（職）員の割合は4割を切っているが、返済を続けている人では7割以上だった。やはり、きっちり就職することが返済への近道だ。

誰も返済したくないとは思っていない。返済したいのだが、日々の生活が厳しいから払えない。貸与型奨学金を借りて、大学を卒業した社会人がため息まじりにこう話す。

「大学に進学しないと周りから取り残されると思いましたが、家は経済的に厳しく親に迷惑をかけられないので、奨学金を借りて無理に進学しました。奨学金があったからこそ、大学に通えて卒業もでき、感謝はしています。でも、就職したもののブラック企業だったために耐えられなくなり1年もしないうちにやめてしまい、次の職が見つからないこともあって、結局、今は学生時代から続けていたアルバイトをしながら借金を返済しています。大学を出て借金だけが残りました」

就職してもブラック企業で精神的に追い詰められ、うつ病になってしまったのでは奨学金の返済どころではなくなる。

また、２００８年のリーマンショックで不況になって、就職氷河期が到来した。大学は卒業しても就職は決まらない人も多く、この頃の大学卒業生は本当に厳しい状況だったことは想像に難くない。

高度成長期で日本経済が発展し続けている時なら、学生時代に借金をして就職後、返済するのはまだ楽だったろう。原則、終身雇用だったし、給料は年齢とともに右肩上がりだったからだ。転職もあまり社会から評価されなかった時代だ。

それが今は大企業が倒産する時代になり、どこに勤めれば安心というわけでもない。公務員といえども、地方自治体の倒産も他人事《ひとごと》ではない。給料だって能力給が中心になりつつあり、年齢を重ねれば、順調に給料が上がっていく時代は終わってしまった。

奨学金破産は本人だけでなく連鎖が起こる

さらに、働き方が変わってきていることもある。転職は当たり前になってきており、全員が正規雇用というわけでもなく、派遣社員を含めた非正規雇用を気軽だからと好んで選ぶ人もいる。高度成長時代と比べて、働き方が多様化しているのだ。それだけに、今の返済システムは、時代にそぐわなくなってきているのかもしれない。ただ、しっかり職についていても返済が長びくケースもある。きっちり返済を続けている社会人が言う。

「卒業して8年ぐらいが過ぎますが、まだ、奨学金を月々5万円ほど返済していいます。借りる時は軽い気持ちで借りられ、周囲にも借りている人は多かったのですが、返済は15年にわたり重荷です。まだ独身だからいいようなものの、とてもではありませんが、結婚して子どもなどということは考えられません。おそらく無理でしょう」

奨学金貧困が続いている。２０１０年から、３カ月の延滞者の情報を信用情報機関に登録し、いわゆるブラックリストに載せるようになった。９カ月延滞すると裁判所に督促《とくそく》を申し立てる。本格的に取り立てられるということだ。そのうえ、９カ月滞納すると、一括《いっかつ》返済を求められる。

しかも延滞すると元本に対して年間５％の利息がかかる。仮に５００万円借りて月々３万円の返済だったとしよう。８カ月延滞すると８カ月分の24万円に年間５％の延滞金が発生する。それが９カ月目から５００万円全額に年間５％の延滞金がかかるのだ。

本人が払えなければ、当たり前のことだが、保証人のところに請求がくる。そもそも親にお金がないから奨学金を借りて進学したわけだから、一括返済を請求されても払えない場合がほとんどだ。本人が奨学金破産すれば、親や親族なども同じように自己破産の連鎖につながる可能性がある。貧困の連鎖は続く。

かわいい孫、甥っ子や姪っ子のためと「大学を出てきちんと就職すれば返済できるから」と気軽に保証人を引き受けるが、実は将来、このような大きな問題が起きてしまうことだってある。ある日突然、多額の請求をされることだって考えられるのだ。

卒業後の返済が滞《とどこお》らないよう、しっかりした企業に就職するため、大人の視点で就職先についてアドバイスするとか、真面目に大学に行っているかなどチェックしておく必要がある。多くの大学では親に出席状況や成績を知らせている。しっかりと子どもの大学生活をチェックしておくことが必要だろう。

自己資金なしで地方から出てきて大都市の大学を卒業しようとすると、一カ所ではなく多くのところから貸与型奨学金を借りなければならない。卒業後、すぐに返済額が合算されて膨《ふく》れ上がってしまい、女子の中には風俗で働いて返済しているケースもあるという。驚いたことに、奨学金返済に絡んで風俗の仕事を斡旋《あっせん》するサイトまでできていると聞く。

日本学生支援機構の奨学金の利息は、確かに金融機関の教育ローンより安い。ただ、基本的に借金に変わりはない。安易に借りるのではなく、覚悟を決めて借りることが大切だろう。今年、子どもを大学に進学させた保護者がこう話す。

「経済面で、背に腹は代えられないことはよくわかります。しかし、社会のこともよくわからない子どもに、社会に出ていないうちからいきなり借金を背負わせるのは、いかがなものかと考え、奨学金の申し込みをやめました。車を手放し生命保険などを解約して、苦労して学費を捻出しました。進学した子どもには、バイトをしなさい、社会のこともわかるし、お金のありがたみもわかるからと話しています」

学生時代に奨学金として借りることはできるが、卒業すれば返済が待っている。大学時代はモラトリアム時代と言われるが、そんな悠長《ゆうちょう》なことをいってられないようになってきている。大学の職員がこんなケースもあると指摘する。

「地方から出てきた学生で、よく顔を合わせるので知っているのですが、奨学金を最大限に借り、そのうえ、授業の時以外はずっとバイトをしている学生がいます。大学には真面目に来ているし、話をしていても贅沢な生活をしているわけでもなさそうで、どうしてそんなにお金がいるのか変だなとは思っていたのですが、どうやら親に仕送りしているようなのです。

しかも、話を聞いていると、両親は健康だが仕事をしていないというので、さらに驚きました。詳しい事情は聞けませんが、学生なら金を貸してくれるから、東京の大学に行って金を借りてこいということだったのかもしれません。もし、そうだとしたら、真面目な子だけにかわいそうです」

普通は親が子に仕送りをするものだが、逆のケースも出てきているという。子どもに借金をさせて、生活しているということなのかもしれない。そんな時代になってきたのかと驚く。

経済的格差の広がりで、学びたい高校生が学べないのはかわいそうだし、それを救済する制度は大切だ。在学中に家計が急変した時、大学には援助する制度が設けられている。それはあくまでも学びたいのに学費が払えない、経済的に困っている人に対しての話だ。しかし、それを逆手に取るケースもあるというのだから呆《あき》れてしまう。

もともと日本では、親は子どもの学費を用意できないのを恥と思う文化があった。欧米のように、大学の学費を本人が負担するシステムではなかったからだ。それが恥でもなんでもなくなってきている。これも経済格差が広がったせいなのだろう。

横行するブラックバイト

アルバイトも以前とは変わってきている。最近はしっかり働きたい学生のバイト先は飲食店が多いという。食事がついているから、食費の節約になると考えるためだ。しかし、給料自体が安くて激務で、パワハラがあったりするような職場なら話にならない。

最近はブラックバイトに巻き込まれる学生も多く、新聞などで盛んに報道されている。大学では過去からさまざまな注意喚起が行なわれてきた。以前なら新興宗教の勧誘やマルチ商法に引っかかるなというのが主流だったが、今やそれがブラックバイトに代わってきている。

ブラックバイトでは、バイト学生の店長が、バイト学生をマネジメントするシステムで、授業にも出られず留年してしまったケースもある。まさに本末転倒《ほんまつてんとう》だ。バイト学生は社員を雇うより安く使え、しかも世の中のことをよく知らないので、御しやすいということだろう。そこに付け込む大人がいる。大学のキャリアセンターの職員がこう話す。

「小さな大学なので、３年の終わりに学生全員と面談して就職指導をしています。苦学生と聞いていて、奨学金をもらっているうえに、飲食店でずっとバイトしていて面談できない学生がいました。やっとのことで会って話を聞くと、お店の人手が足りないし休むと給料を大きく下げられたりするし、一緒に働いている仲間に迷惑がかかるので、なかなかバイトをやめられないと話すんです。自分ではこれではいけないと思っていると話していました。今の生活から抜け出して、しっかりした企業に就職したいと考えていると話し、将来の希望職種や就活をどう進めるか、など話し合って別れました。

1カ月後に相談に来たその学生の友人に、彼はどうしているのか話を聞いたら、もう内定をもらって就活はやめたと言っていたというんです。驚いてどこの企業に内定をもらったのか聞くと、今アルバイトしているチェーン展開の飲食店だとのことでした。決まっただけいいとも言えますが、なんとも複雑な気持ちになりました」

子どもを高校卒業後、進学させたいと思うのなら、お金がない時は奨学金制度を活用することになる。子どもが優秀であれば給付型奨学金をもらえるが、そうでなければ貸与型奨学金に頼るしかない。ＪＡＳＳＯの貸与型奨学金は大学での申し込みになるが、比較的簡単に借りられる。もちろん、全員が借りられるわけではない。

借金をすれば返済するのは当たり前のことだ。ＪＡＳＳＯの取り立ては厳しいようにも思えるが、返済された奨学金が次の学生の奨学金の原資になるのだというから致し方ないのかもしれない。今後は各人の経済状態にあわせて返済できるように制度が変わる。安倍首相も、有利子奨学金の利率を０・０１％くらいまで持っていけないか財務省に検討させていると発表した。しかし、借金に変わりはないのだから、借りすぎには親が注意することが大切だろう。

こういった貸与型奨学金制度は、大学にも設けられていた。今の受験生の親の時代には、ほとんどが貸与型だった。奨学金を借りた経験のある人も多いのではないだろうか。しかし、今では、大学が設けている奨学金は給付型が主流になってきている。大学が用意した奨学金をもらっている87・６％の学生は、給付型奨学金をもらっている。首都圏大手の人気大学の関係者がこう明かす。

「大学は金融機関ではないので、返済が遅れた卒業生からお金を取り立てるノウハウがありませんし、厳しい取り立てで大学の評判を落とすことになっても困りますから、今は貸与型より給付型中心に切り替える大学が多くなっています」

今では大学独自の貸与型奨学金制度は、なくなりつつある。

経済的に恵まれていない大学生が、奨学金を使って進学するのは普通だ。それとはちょっと意味合いが異なる貸与型奨学金制度を、大手大学が過去に設けていたことがある。制度としてはＪＡＳＳＯの第二種奨学金とほぼ同じだ。

この奨学金は、学生に自覚を促す制度として始められた。そもそも欧米の学生は学費を自分で負担していることもあって、授業に対して真摯《しんし》で厳しい。ところが、日本の学生は学費を親が払っているために、ややもすれば当事者意識に欠ける。私立大学の外国人教員がこう話す。

「休講というと日本の学生はワーッと歓声を上げて喜びますが、外国の学生はブーイングです。まったく反応が違います」

日本の学生は授業がないと喜ぶが、外国の学生は授業料を自分で払っているために休講を損失と考えるのだ。

こういう状況を変えようと、欧米の学生と同じように授業に対して真摯に向き合うように、学費を自分で負担する貸与型奨学金制度を始めた。所得制限も1千万円を超えるほど高く、借りようと思えば、ほとんどの学生が借りられる制度だった。しかし、経済的格差の拡大、滞納者の増加など要因はさまざまだったろうが、制度としてなくなった。今後も大学の貸与型奨学金制度はもっとなくなり、ＪＡＳＳＯの貸与型奨学金制度に頼ることになる。

ただ、大学では、かつてのような休講が頻繁《ひんぱん》にあるわけではなくなってきている。当たり前のことだが、今は文科省の指導が厳しく、日本でも休講は安易にできないようになってきているのだ。前後期各15コマの授業を確実に守るように指導している。そのため、休講にした場合は、その代わりの授業はいつやるのか問われ、厳しく管理されるようになってきている。

授業の時間割管理も厳しい。祝日の振り替えなどで月曜が休みになることが多く、月曜日の授業が少なくなってしまう場合がある。そんな時は、あまり祝日にならない水曜日を「みなし月曜日」にして、水曜日なのに月曜日の授業を行なうようにし、各授業が15コマをきちんと確保できるように工夫している。

このように、授業のコマ数の厳格化が進められているが、あくまでも教員が確実に

15コマこなすようにという話だ。学生は学費を親に払ってもらっていることが多いし、自分で学費を払っている学生も、バイトに入る時間を延ばせるなどと考えるため、結果としては、学生は休講と聞いて喜ぶことは変わっていない。

奨学金どころか給料をもらえる大学もある

進学にはお金がかかるが、大学やJASSO以外にも奨学金制度はたくさんある。職業直結型の奨学金制度もある。これは病院が看護師を目指す高校生を対象に、卒業後2年間など病院で勤務することを義務付ける代わりに、どこの看護学部でもいいのだが、進学すると在学中4年間、奨学金を支給するというものがある。どこの病院も看護師の確保に困っており、地方の高校で説明会を開催しているほどだ。

その他にも、最近、増えてきているのが国立大の学費で入学できる私立大だ。本来払うべき学費を国立大の学費と同じにし、その差額を奨学金として免除しているのだ。学費が高い理系のほうが恩恵が大きい。しかも、かなりの人数枠で実施している。理工系などでは国立大との併願者が多く、私立大でも学費が国立大と同じ金額なら、進学しようと考える受験生は多いからだ。大学にとっても優秀な人材を確保できる。

それ以外にも、高校が奨学金を用意しているケースもある。難関大に入学した学生に奨励金として１００万円を支給する公立高がある。鹿児島県立の大口《おおくち》高だ。俳優の榎木孝明《えのきたかあき》、漫画家の井上雄彦《いのうえたけひこ》などが卒業した名門だ。

大口高は定員割れが続き、優秀な中学生が市外の高校に進学するようになった。市外への流出を防ぐことを目的として、市がこの奨励金制度を設けた。市が基金を作り、それをもとに東大、京大、九州大など、旧7帝大（北海道大、東北大、東京大、名古屋大、京都大、大阪大、九州大）や早慶など難関私立大の進学者に１００万円、他の国公立大や同程度の私立大進学者に30万円の奨励金を支給する。有名予備校の講師による特別講義も導入した。若者が減っているため、地方創生の狙いもあったと推測できる。大学だけでなく、高校でも対策をとり始めている。

これに対して、教育関係者からは「進学を金で釣《つ》るのか」「難関大に進学するのがそんなにいいことか」など非難が殺到《さっとう》した。しかし、教育者はお金とかけ離れた世界で過ごしてきた人が多い。少し考えるとわかることだが、教員の給料は税金や生徒の納付金で賄われている。コストという視点で考えれば、生徒が集まってはじめて給料が出るはずだ。

さらに、生徒のやる気を引き出すのに、お金はわかりやすい尺度《しやくど》だ。奨励金という手段を選んだのは英断だし、賢明ではないだろうか。「今度、成績が上がったらゲーム買ってあげるよ」と親が子に言うのと同じだろう。それを税金で行なうところに、非難が集中したのだろうが、見方が狭い気がしてならない。優秀な大学生がでれば、卒業後、地元に帰って貢献してくれることだって十分に期待できる。

この奨励金制度により、今年、九州大理学部に合格者が出た。１９９６年以来20年ぶりのことだ。明らかに効果があった。生徒のモチベーションアップにつながったことは間違いない。

親にとっても生徒にとっても、いい教育を受けられて、頑張って難関大に合格できて奨励金がもらえるなら、それに越したことはない。１００万円を目当てに、他県から移住する人が殺到するとも思えず、周りがとやかくいう問題ではないように思える。実績が出れば、後輩への刺激にもなり、さらなる実績アップ、高校の教育力の評価につながり、教員が評価されることにつながる。

大口高のような奨学金の例は他にはないが、大学選びでお金をかけずに進学できる方法は他にもある。

学費が無料どころか、給料がもらえる大学がある。それは大学と同じだが正確には大学校で、文科省以外の省庁が設置した教育機関だ。そこを卒業して社会に出ても、大学卒業者と同じ扱いを受けられる。

たとえば防衛省が創立した防衛大学校の場合、文科省の定める大学設置基準に準《じゅん》拠《きょ》した教育を行ない、教養教育、外国語、専門教育を学び、独自の防衛学、訓練もカリキュラムにある。人文・社会科学専攻の下に3学科、理工学専攻の下に11学科がある。卒業後、独立行政法人大学改革支援・学位授与機構の審査に合格すれば、文科省の大学生と同じく学士の学位が授与される。

防衛大に合格すると、国家公務員になるため学費は不要で、さらに学生手当として11万円近い給料がもらえボーナスまで支給される。全員が寮生活で、寮費や食費は無料だ。平日の外出は禁止と厳しく、休みの日の外出は届けが必要と窮屈《きゅうくつ》だが、学費不要、給料支給は魅力的だ。卒業後は自衛官になる。地方にある高校の教員が言う。

「防衛大に進学する生徒は確実にいます。やはり、地元に産業があまりないこともあって、親が学費を用意できず給料がもらえる防衛大などに進学するのです」

この他にも同じ防衛省が設置した防衛医科大学校、気象庁が設置した気象大学校、海上保安庁が設置した海上保安大学校などがある。防衛大と同じように、試験に合格すると国家公務員になるため給料が支給される。受験料もいらず、入試は一般的な大学より日程が早く、腕試しで受験する高校生も多い。

防衛医科大学校を出ると医官となるわけだが入試は超難関だ。合格者の高校別の顔ぶれを見ると、中高一貫校が圧倒的に強く、今の医学部人気を反映している。今年のトップは灘《なだ》(兵庫)の18人、次いで久留米大附設(福岡)の17人、愛光(愛媛)の13人、巣鴨(東京)の11人だった。

お金がなくても、探せば進学できる大学はある。貸与型奨学金を借りれば、卒業後、返済が待っている。安易に借りるのではなく、借金してまで大学で学びたいのか、大学を出てどうするのか、真剣に考えて進学すべき時代になってきている。

第3章　東京で一人暮らしの大学生活は夢？

近年の地元の大学進学志向はお金の問題

経済的な裏付けがなければ大学進学は厳しい。安易に奨学金に頼っても、卒業後に返済地獄が待っている場合がある。最悪の場合は自己破産ということも十分に起こり得る。大学に進学したがゆえに破産したのでは、何のための大学進学だったのかわからない。大学でもっと学ぶのであれば、金銭的に無理なく学ぶことが大切で、奨学金を借りるのなら返済計画まで考えておく必要がある。最善なのは自《みずか》らの教育資金を活用したうえで、補助的に奨学金を活用することだが、なかなかそうもいかない。

ただ、親としては、ない袖は振れないことを肝《きも》に銘《めい》じておく必要がある。自ら借金して子どもを大学に通わせるのは、まだましといえ、子どもに奨学金を借りさせて進学させるのには限界がある。ＪＡＳＳＯの奨学金を借りるのであれば、金利が低いとはいえ、ひとたび支払いが滞れば一括返済をすぐに求められるから心しておく必要がある。

子どもの願いをかなえたい気持ちはわかるが、貸与型奨学金を活用するなら最後に返済で苦労するのは子ども本人だ。地方の私立高の進路指導教諭が、こんなケースを話す。

「たいそう優秀な生徒がいましたが、経済的に恵まれていない家庭の子でした。私立高に入学してきたのも、入試の成績が抜群で特待生合格だったためです。

どんな試験でも学年で１番で、あまりにも優秀なので東大受験を勧めたのです。しかし、お金がないということなので、受けるだけ受けてみてはどうかと説得し、教員がお金を出し合って交通費と宿泊費を工面して受験させたのです。見事に前期試験で東大理Ⅰに合格し、我が校として初めての東大合格者になってくれました。しかし、親が東大に進学するのに反対し、結局、東大に入学手続きを取らず、後期で地元の旧帝大の工学部に合格して進学しました。もったいない話ですが、ご家庭の判断なのでどうすることもできません」

もちろん、奨学金活用という方法もあったし教員も勧めただろうが、無理に東大に進学せず、経済負担の小さな地元大学への進学を選んだのだ。本人も悔しい思いはあったかもしれないが、賢明な選択といえるのではないだろうか。経済的な負担は先々、大きな問題になってくる可能性もある。中退することになってしまったら元も子もない。大学で人生が決まるわけでもないからだ。

あまり表面には出てこないが、東大や京大に合格する力がありながら、地元の国立大に進学している受験生はかなり多いと見られる。事前に東大などの受験を諦めてしまっているとか、最初から考えもしない受験生も多い。親の経済状態などを考えて、本当は進学したいのに言い出せないケースもあると見られる。受験生が自主規制しているということでもある。東京の大手予備校の入試担当者がこう話す。

「経済的な面から、地方では地元の国公立大しか受けない受験生が多くなっています。落ちたら家業を継《つ》ぐとか働くとか、併願するにしても地元の私立大だけなどです。地方の中には私立大が地元にまったくないところもあれば、数えるほどしかないところも多く、とても難関とは呼べない大学も多いのですが、それでも経済的な面からそこしか併願できないのです。地元で生活していくのなら、ブロックの拠点大学である旧帝大に進学するので十分との考えが強くなっており、東大に進学する必要性が、昔に比べて希薄《きはく》になってきているのではないでしょうか」

最近の高校生や保護者は身《み》の丈《たけ》に合った進学を望み、その中で就職を考える傾向が強くなってきている。「末《すえ》は博士か大臣か」などという立身出世《りっしんしゅっせ》は、まったく思ってもいない。こうなってきたのは経済的な理由が大きいのだが、地方の受験生の価値観も変わってきていることもある。地方のトップ高の進路指導教諭がこう話す。

「優秀な理系の生徒は、どうして東大にいくのかと言われてしまいます。研究者になったり、大企業に入って研究で世界的な成果を上げるなんて、ほんの一握りの人たちで、それなら国立大の医学部に進学して、困っている人たちを助けるほうがよっぽどいいとの考えです。保護者もそれを望みます。文系の優秀な生徒にしても、目指しているのは市役所や県庁への就職で、これが生徒にとってのエリートコースなんです。国家公務員になりたい、大企業の社長になりたいなどとは思っていません。

将来のことを考えると、進学先は地元の国立大、近くの旧帝大で十分なんですよ。社長になってマスコミの前で謝罪するなんて、まっぴら御免《ごめん》だと思っている生徒も多いようです。夢がないといえばそれまでですが、親のフトコロ事情も察して、現実的な選択をしているのだと思いますね」

花の東京で一旗揚《ひとはたあ》げる、故郷に錦《にしき》を飾る、などという考えは、まったくなくなってきている。ただ、高校生にとって、あこがれの地のトップは東京であることは変わらない。東京に住みたい気持ちはあるが、経済的な面で断念している高校生も少なくないと思われる。昔なら親に反対されても自分の意見を通したり、説得したりしたものだが、今はそこまではしない。素直な高校生が多いのだ。大手私立大学の入学センターの職員がこう話す。

「世の中がバブル景気に沸《わ》いていた1990年代初めぐらいまでは、地元の国立大と東京のMARCHクラスの私立大の両方に合格すると、受験生はMARCHに進学したがり、親は地元の国立大に進学させたいと意見が分かれることが往々にしてありました。そんな時、親が子どもに『新車を買ってあげるから、地元の国立大に進学して』と頼んだりしたという話を聞いたことがあります。それでも東京の大学に進学したそうです」

新車を子どもに買ってあげても、4年間東京で学生生活を送るより、自宅から地元の国立大に通うほうが安上がりなことはいうまでもない。しかし、今の高校生は車では心が動かないだろう。車に興味がない若者も増えているご時世だ。それよりも前に、車を買ってあげるなどと言わずとも、親に反対されれば、もう自分の意見を主張しなくなるのが一般的だ。

関東ローカル化が始まった首都圏の大学

地元大学への進学志向の高まりは、いろいろな地方で大学が新設されたことも影響している。たとえば看護学科は受験人口ピークの１９９２年には、全国に９大学しか設置されていなかった。当時は主に短大や専門学校が看護師育成の中核を担っていた。

そんな中、看護学を大学で学びたいと考える受験生は、地元を離れる以外に方法がなかった。それが今や看護学科は47都道府県すべてに設置されるまでになっている。来年も数多く新設される予定だ。今や全大学の３校に１校、２５０大学以上に看護学科が設置されるようになってきた。看護師は慢性的に人材不足で、看護学科人気は根強く志願者も集まる。そのため、設置する大学が増えているのだ。国公立大にも設置されているが、慶應義塾大、上智大などの難関私立大にも設置されている。

地元にあるのだから、わざわざ東京に下宿して進学する必要がなくなってきた。これは看護に限らない。地方に数多くの大学、学部が新設されるようになって、地元大学に進学しやすい環境になってきたことも大きいと見られる。

また、こういった地元志向は大学生でも見られるようだ。東京に本社がある大企業の採用担当者がこう話す。

「札幌で採用活動を行なっていた時、説明会に学生が全然集まらず、手伝ってもらっていた地元のアルバイト学生に、東京の企業に就職して東京で暮らしたいとは思わないのか、と聞いたところ、『大学進学で東京の大学に行くのを選択せずに地元に残ったのに、どうして就職で東京に行くのですか』と真顔で返答されて逆に驚きました。

地方にある旧7帝大の文系学生でも、地元のトップ高出身者は、地元の市役所に就職するのが第一希望で、第二志望が県庁などに就職することだそうです。県庁となると、かなり遠いところに行かされることがあり、市役所は勤務が市内のため安心できるという話でした。就職で東京に行きたいとは思わず、行くのは地元に仕事が見つからなかった時の最終手段ということなのでしょう」

役所だけでなく警察官や消防官が人気なのも、勤務が県内に限られるからだ。国立大でも警察官などの就職者は増えている。学生でもこうなのだから、高校生が地元を離れることは、初めから考えていないケースも多い。地元での進学が基本になってきた結果、東京の大学への地方からの進学者が減っている。

文科省の学校基本調査によると、２００５年の東京の大学への１都３県（東京、神奈川、千葉、埼玉）からの入学者は約８万２千人だった。東京の大学の全入学者の63・５％を占めていた。

それが２０１５年には２万人増えて10万人超えの約10万２千人になった。全入学者に占める割合も、68・４％にアップしている。東京の大学に地元である１都３県からの入学者が増え、地方からの入学者が減っていることがはっきりとわかる。

特に私立大の１都３県率は65％から69・２％にアップし、国公立大を含めた全入学者の割合より高くなっている。私立大の学費が高いこと、首都圏の生活費が高いことが、地方の受験生に敬遠されている大きな理由とみられる。

大学別に見てみよう。**表④**（111ページ）を見てほしい。これは首都圏の有名大学合格者に占める、1都3県の割合を10年前と比べたものだ。入学者ではなく合格者での比較だ。入学者となると、この数字よりさらに1都3県率が高くなる。地方からの合格者は、入学の段階で諦める人も出てくると考えられるからだ。

もっとも大きく伸びているのが一橋大で10年前には50・3%だったのが、69・8%にアップしている。10年前に合格者に占める1都3県出身の高校生は5割だったのが、今は7割にまで増えていることになる。一橋大は難関国立大の1校だが、商、経済、法、社会の文系4学部だけの大学だ。最近は一橋大より、地元の旧帝大を選ぶ受験生が多くなっていると見られる。

この他でも千葉大、横浜国立大、東京外国語大は、10年前には5割を切り、地方からの受験生が多かった。中でも横浜国立大は、4割を切るほどの全国区型大学で、地方の受験生に人気だった。

それがいずれも2016年には5割を超え、千葉大ではさらに高い6割超になっている。この他にも、お茶の水女子大、東京農工大も10年前に比べて12ポイント以上1都3県率が上がっている。1都3県率が高くなっているのは国立大に多く、関東ローカル化が急速に進んでいることが読み取れる。

東大も44・8%から55・2%に増えており、地方からの合格者が減っている。理系だと地元の国立大医学部との天秤《てんびん》にかけられ分が悪い。東大は地方からの進学者を増やそうと、今年から推薦入試を始めた。一般入試では圧倒的に中高一貫校しかも首都圏の学校が強い。そのため、推薦入試は出願資格は高いものの、学科試験の負担を軽減し、地方の優秀な学生を入学させようという狙いだった。結果として、地方からの進学者が増え、東大の思惑《おもわく》どおりとなった。ただ、推薦入試で入学したのは

表④　2016年　1都3県（東京、神奈川、千葉、埼玉）の主な大学の地元占有率推移

設置	大学	1都3県合格者占有率		
		増加	2016年	2006年
国	一橋大学	19.5	69.8%	50.3%
国	千葉大学	14.3	61.1	46.7
国	横浜国立大学	14.1	53.4	39.4
国	東京外国語大学	13.6	58.1	44.5
私	慶應義塾大学	12.8	72.6	59.8
国	お茶の水女子大学	12.4	53.0	40.6
国	東京農工大学	12.2	69.0	56.8
私	早稲田大学	11.3	73.9	62.7
国	東京大学	10.4	55.2	44.8
公	首都大学東京	9.9	60.6	50.8
私	青山学院大学	9.3	73.8	64.5
国	埼玉大学	8.0	51.8	43.8
私	東京理科大学	8.0	62.1	54.1
私	上智大学	7.9	84.0	76.1
私	法政大学	7.8	71.8	64.0
私	中央大学	7.1	61.0	53.9
私	立教大学	6.5	80.0	73.4
私	明治大学	6.5	71.9	65.4
国	東京工業大学	6.3	74.7	68.4
国	電気通信大学	6.1	54.4	48.4

大学通信調べ

74人に過ぎず効果は限定的だ。

難関大にとって、地元からの入学者が増え続けるのは危機的なことだ。地元からばかり入学させていると、少子化が進んで、ゆくゆくはレベルの低い学生を入学させていくことになってしまう。地元にとどまっている地方の優秀な学生を獲得して、入学者のレベルアップを図りたいところなのだ。

1都3県の学生への仕送りは平均8万4千円

こういった地元の学生の割合が高まる傾向は、首都圏の大学で顕著だ。関西圏では京大の地元2府4県（京都、大阪、滋賀、兵庫、奈良、和歌山）率は、10年前の56・2%から50・6%に下がっており、京大の全国区化が進んでいるのだ。ノーベル賞を受賞した山中伸弥《やまなかしんや》教授が在籍していることや、入試改革を積極的に行なっていることなどで、全国の受験生にアピールできていると見られる。京大に合格者を送り出す、首都圏のトップ校も増えており人気上昇中だ。

表④（111ページ）に戻って首都圏の私立大を見てみよう。もともと1都3県率が高いが、さらに伸びていることがわかる。私学の雄の慶應義塾大が59・８％から72・６％へ大きくアップ。早稲田大が62・７％から73・９％に増え、仲良く両校とも７割超だ。

地方からの入学者が多いとみられる早稲田大だが、実は慶應義塾大より合格者の１都３県率は高くなっている。早慶とも関東ローカル化が進んでいる。

そうした中で私立大の関東ローカル化の歯止めになっているとみられるのが、センター試験利用入試だ。センター試験の成績だけで合否を決める方式は、東京まで受験に来なくてもよく、受験料も一般入試より安く、地方の受験生は出願しやすい。そのため、地方からの合格者が多くなっている。

例を挙げよう。東京理科大は私立大理系でトップクラスだが、１都３県率も上がっているものの62・１％と、他大学に比べると低めだ。理系の総合大学で地元志向の強い女子の志願者が少ないこともあるが、センター試験利用入試を実施していることもある。トップの慶應義塾大、上智大はセンター試験に参加しておらず、早稲田大も理工系３学部ではセンター試験利用入試は実施していない。そのため、東京理科大が国公立大志望者に狙われている。センター試験利用入試は国公立大第一志望の受験生にとって利用しやすい方式だ。私立大ごとの入試対策を行なわないで済むため人気が高い。

もっとも1都3県率が高かった私立大は上智大で84％、次いで立教大の80％だった。地元の女子に人気の大学ということもあり、あまり地方の女子が受験に来ていないのかもしれない。

首都圏の大手私立大でも、地方からの受験生掘り起こしに力を入れている。入学者の質の向上を考えると、地方の優秀な受験生を増やしていきたいと考えるのは当然のことだ。給付型奨学金制度の充実などにも力を入れている。

それだけではなく、札幌、仙台、名古屋、大阪、福岡など、地方の大都市で入試を行なっている大学もある。キャンパス以外に試験会場を設け、わざわざ受験のために東京まで出かけなくてよく、交通費や宿泊費がかからない家計に優しい入試というのが狙いだ。それでも地方からの進学者は減少気味だ。

首都圏の大学が、地方の受験生に敬遠されるようになってきたのは、合格できない

表⑤ 1カ月の生活費

項目		自宅生	下宿生		寮生	
		全国平均	全国平均	1都3県	全国平均	1都3県
収入	仕送り（小遣い）	15,040	71,440	84,320	36,260	44,880
	奨学金	11,470	23,270	19,000	30,680	27,740
	アルバイト	33,960	25,320	31,730	24,450	23,940
	その他	1,710	2,550	3,000	1,670	1,890
	収入合計	62,190	122,580	138,050	93,070	98,460
支出	食費	12,250	24,760	27,860	25,190	28,200
	住居費	280	53,100	60,710	19,150	21,760
	交通費	9,020	3,320	5,160	3,990	5,850
	教養娯楽費	8,490	9,240	10,160	7,920	9,790
	書籍費	1,680	1,720	1,970	1,970	2,130
	勉学費	1,120	1,490	1,640	1,480	1,570
	日常費	4,800	5,540	6,440	5,200	5,850
	電話代	2,670	4,100	4,470	3,470	2,940
	その他	2,410	2,430	3,640	3,160	4,140
	貯金・繰越	17,190	12,500	12,550	19,490	13,780
	支出合計	59,890	118,200	134,610	91,030	96,020

大学生協（全国大学生協連）2015調べ

からではない。今は昔に比べて、はるかに大学に入りやすくなってきているのは今まで見てきたとおりだ。私立大の４割以上が定員割れを起こしているのだから、入るのが難しいわけではない。それよりも地方の受験生が首都圏の大学を目指さなくなったのは、メリットが見いだせないことと、一人暮らしはお金がかかることにあるのだろう。特に１都３県は生活費が高い。

表⑤を見てほしい。これは全国大学生活協同組合連合会が２０１５年に調査した９７４１人の学生データを基に作成した表だ。自宅生、下宿生、寮生の全国平均の収入と支出額を掲載している。下宿生と寮生については、1都3県で暮らす学生の平均額も掲載した。

収入の欄の最上部に仕送りの項目がある。自宅生では小遣いになる。これを見ると仕送り額がもっとも多いのが、1都3県の下宿生の8万4320円であることがわかる。全国平均では7万1440円だ。

下宿生の全国平均で見ると、仕送りが5万円未満が15・8%、5〜7万円未満が16・9%、7〜10万円未満が18・9%、10〜12万円未満は20年前の34・3%から18・3%に下がっている。全体として仕送り金額の分散化が進んでいる。家計に合わせてということだが、高額な仕送りが減っている。

仕送りがもっとも少ないのが寮生。下宿生の仕送り額との差は、寮生の住居費が安いことにあるとみられる。支出の欄の住居費を見てほしい。1都3県の下宿生の住居費は6万710円であるのに対して、寮生は2万1760円。寮生は下宿生の3分の1ぐらいの住居費で済んでいる。住居費には電気、ガス、水道代が含まれた額になっている。この住居費の差が仕送りの差になっていると見られる。

奨学金の欄を見ると寮生が全国平均で３万円を超え、多めに借りていることがわかる。仕送りの少ない分、奨学金を多く借りて、アルバイトで稼いでいるということだ。

逆に奨学金が少ないのが１都３県の下宿生で、平均額は１万９千円。自宅生はそれより少ない１万１４７０円だ。自宅から通うことで、住居費と食費の出費が少なくて済むため、奨学金を借りなくてもいいということだろう。

ところがアルバイトの金額をみると、自宅生がもっとも稼いでいる。地元の利で仕事の良し悪しなどの情報が入ってきて、効率よく稼いでいるのかもしれない。

収入総額では１都３県の下宿生がもっとも高く月13万８千円ほどで、全国の下宿生の平均は12万３千円ほどだ。地方から首都圏の大学に進学し、１都３県に住むと４年間で約６６３万円が必要ということになる。奨学金を借りず、アルバイトもしないで、勉学に専念するなら最低でもこれぐらいの仕送りが必要ということだろう。

私大文系で自宅生は500万円、下宿生は840万円必要

次に仕送り総額を計算してみよう。1都3県の下宿生では、4年間で約405万円になり、収入総額の61%が仕送りだ。この仕送りに、私立大文系の4年間の学費約435万を加算すると、親の負担は4年間で平均で約840万円になる。年平均では210万円が必要だ。

より学費の高い私立大理工系になると、学費を加えてほぼ1000万円、国立大に通うとなると、4年間の学費を加算して650万円ぐらいは必要ということになる。もちろん、これはあくまでも平均で、大学によって学費は異なり、学生個々人でもお金のかけ方が違う。目安としてはこれぐらいは必要ということだ。

一方、もっとも安上がりなのが自宅生で、収入は月6万2千円ほど。4年間に換算すると約298万円が必要ということになる。小遣いの平均は1万5千円だから、4年間で72万円が親の負担だ。これに学費を加算しても私立大文系で500万円ほどで年平均125万円が必要ということになる。私立大理工系で総額672万円、国立大だと315万円ほどで済むことになる。

私立大文系で1都3県に下宿して大学に通うとすると840万円になり、自宅から通う時とくらべて約1・7倍のお金が必要になってくる。かなりの高額で、これを捻出するには資金を初めから用意しておくのがいいだろう。不足する場合は、子どもに奨学金やアルバイトで賄ってもらうしかない。

私立大理工系になると約1・5倍、国立大だと2・1倍必要ということだ。自宅から通うことが、いかに安上がりかがわかる。

ただ、これだけでは済まないケースもある。たとえば留学するとなると、やはり親の負担は増える。期間にもよるが平均で38万円は必要だという。留学を希望しながらできない学生のトップの理由は経済的な問題だ。

この他にも英会話学校、資格取得や公務員試験対策のために専門学校に通うなど、あるいは学内の課外講座を利用するなどでもお金がかかる。運転免許の取得、就職活動の準備など、入学後必要な金額は増えていく。

こういった経済的な問題が、地方から東京の大学に進学することを阻《はば》む理由の一つになっている。東京は物価が高いことも敬遠される理由だ。やはり1都3県に住むとなると金銭的な負担は大きい。親は仕送りをできるだけ抑えたいところだが、それによって子どもが東京で学びながら惨《みじ》めな思いをするのではないかとの心配も出てくる。

しかし、子どもを首都圏に進学させたくない理由は、経済的な問題が第一だが、それだけではないという。地方の進学校の進路指導教諭がこう話す。

「東京の大学に進学させてしまうと卒業して就職する時に、当たり前ですが地元よりはるかにたくさんの就職先があるため、そのまま東京の企業に就職してしまう可能性が高いのです。ですから、親許には二度と帰ってこないことを親が嫌がる面があります。少子化ですからそうなるのでしょう。

地方から地方への進学だと、大学の地元の就職状況は、実家の地方の就職状況と大きく変わらないことが多く、そうなると地の利がある出身地での就職を本人が望みます。経済的な問題がなければ、親は地方の大学には比較的進学を認める傾向にあります」

東京に子どもを取られてしまう意識があるのかもしれない。それでも東京の大学に進学すると、意外なことが起こる場合があるという。親の反対を押し切って、地方から東京の大学に進学した女子学生が言う。

「ものすごく反対されましたが、それでも意志を曲げなかったので、最後に親がしぶしぶOKしてくれました。そして入学したら、意外なことに連休や長期休みごとに両親が私の下宿に泊まって、東京観光に明け暮れるようになったのです。東京のホテルは高いですから、下宿は狭くてもお金は必要ないので、活用しはじめたのでしょう。浅草、銀座や東京スカイツリーなど、東京にいても、学生はなかなか行かないところですが、大変詳しくなっていて、東京の大学に進学したことで少しは親孝行できたかなと思いました」

　こういったことは、東京の大学だけで起こるわけではない。大都市だと同じようなことが起こる。九州の進学校から京大に進学した男子学生が言う。

「現役の時に九州大に落ちて浪人することになりました。浪人したらレベルを上げたいと思っていたので、京大コースに入ったのです。きゅうだいときょうだいですから、『ゅ』と『ょ』の違いで大したことないだろうと親には黙っていました。ところが、それが夏休みに親バレし、母親に『故郷を捨てるの』と言われて泣かれました。京大に合格して進学する時に、また泣かれました。別に捨てるわけでもなんでもなかったのですが、そんなふうに解釈するかなと思っていました。

それが入学後一変しました。休みの度に両親が何かにつけて下宿に泊まりにやってきて、京都観光を楽しむようになってしまったのです。京都はなかなかホテルが取れず、下宿に泊まってお寺や神社を回っているのです。夏休みなど、サークルの合宿や帰省したりで長期間にわたって下宿を空け、その間も両親は京都に来ており、秋に戻ってみると旅行雑誌が堆《うずたか》く積み上げられていてびっくりしました」

大都市に子どもを進学させることは、別の意味での楽しみも出てくるということだ。顔を合わせる機会も多くなることで、地元就職を勧めるのも一計ではないだろうか。

学生の収入に占める仕送りの割合は、8割から6割にダウン

下宿生に比べて仕送りが少ないのが寮生だ。1都3県の寮生の4年間の仕送りと私

立大文系の学費を加算すると、必要なお金は650万円。下宿生より190万円も安い。その分、奨学金に頼っているので卒業後の奨学金の返済が厳しくなる。

最近は大学が設置する寮が増え人気も高い。種類もさまざまだ。ただ住むだけという、もっとも安いものから、2食付の個室や複数の学生と共に暮らす学生寮、シェアハウスのような寮、外国人と共同生活する国際寮など幅広い。留学生を受け入れるには寮は必須で、難関大でも設置が相次いでいる。

寮生の仕送りは安く済んでいるが、寮人気は住居費が安めということだけでもないようだ。地方の工業系大学の学生課の職員がこう話す。

「受験相談で保護者の方から、賄い付きの下宿はないのかという相談がありました。そういった下宿は昔はたくさんありましたが、プライバシーが重視されるようになり個室を望む学生が増え、姿を消していきました。学生が共同生活をして、一緒にご飯を食べる下宿屋さんは敬遠されてきたのですが、最近は評価する声も聞くようになってきました。

親としては子どもが一人暮らしを始めて、自分の好きなものばかりを食べ、栄養が偏《かたよ》るのをどうにかしたいようです。料理ができればいいんでしょうが、男子学生だとまだまだ少数派ですから、2食付きの寮が人気です。栄養士がカロリーを計算しながら作ってくれる食事が、母親にとっては魅力的ということでしょう」

このように食事に関する親の心配は大きい。世の中の健康志向と同じだ。大学もこの要望に応えるように、学食での朝食を新年度初めは無料にしたり、極端に安い値段にしたり、早起きして登校させるように誘導している。さらに、朝食抜きは身体に悪く、学生の健康を考えてのことでもある。そこまで学生の面倒を見る大学が増え、こういった施策は親に好評だ。

それだけではない。地方からくる学生の生活が乱れないよう1限の授業に必修科目を置き、出席せざるを得ないようにしている大学もある。高校までは朝早く決まった時間に登校していた。それを大学でも維持させようというのだ。早起きして規則正しい生活を送らせようとの配慮だ。保護者もそれを望んでいる。大学生にもなって過保護と思うかもしれないが、親にとっては、いつまでも子どもに変わりはないのだ。

その一方で、家から何時間もかけて大学に通う学生もいる。2~3時間かけて大学に通ったという社会人も少なくない。たいてい男子で、食事や洗濯などの心配から、自宅を離れられないようだ。女子なら、さっさと下宿しているという。

次に仕送り金額の推移を経年でみていこう。**表⑥**（126〜127ページ）を見てほしい。1975年からの全国平均の下宿生の月々の仕送りと、収入に占める仕送りの割合をグラフにしたものだ。

40年前の1975年の下宿生の仕送り平均は4万1720円だった。現在より3万円ほど少なかった。奨学金も3590円、アルバイトも6770円に過ぎず、仕送りで学生生活を送れていたことが読み取れる。

75年の学生の月々の平均収入は5万309円で、現在の4割ちょっとの金額にとどまる。1976年の大卒者の初任給は9万4千円だった時代だ。大学生はその半分以上の収入があったことになる。

しかも、学生の収入に占める仕送りの割合は78・5％で、現在の58・2％より20ポイント近く高かった。この40年で仕送りの占める割合は、8割から6割に下がったことになる。親の経済状況が悪化していることの証《あかし》だ。

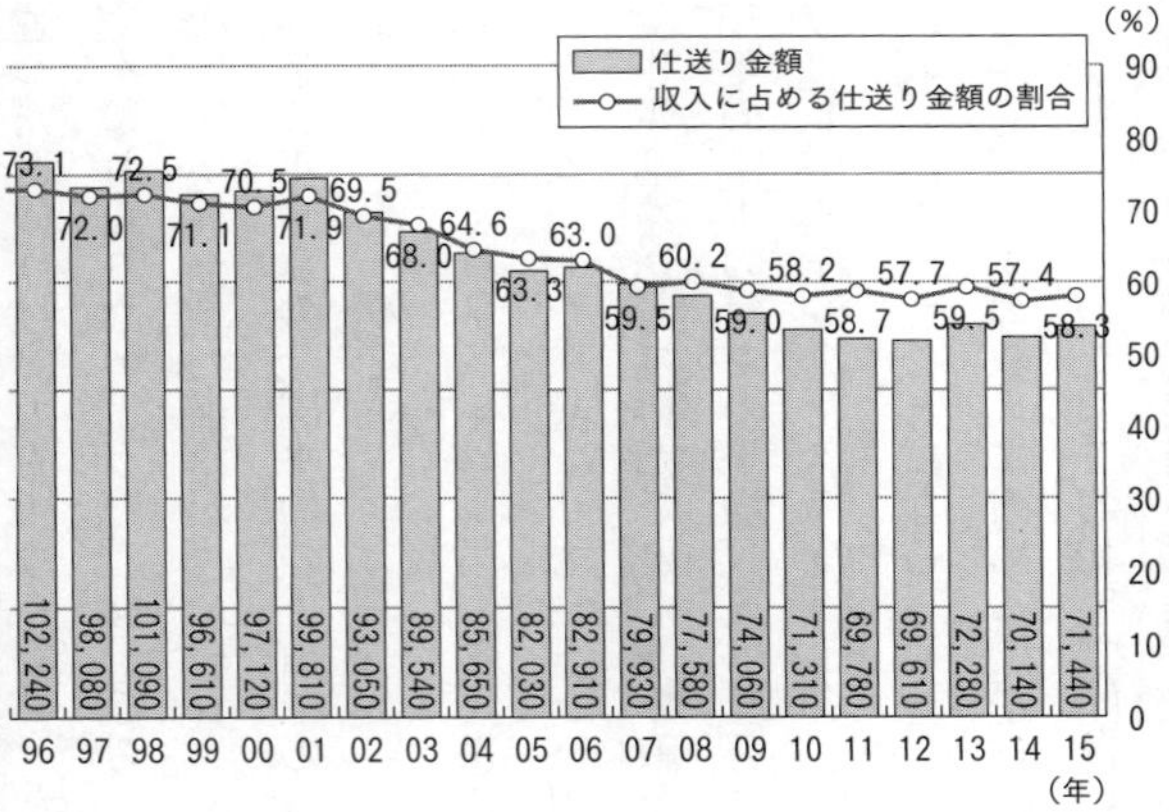

昔は学生の本分は勉強ということで、なるべく潤沢《じゅんたく》に仕送りしていたのに違いない。その頃は今と比べれば、まだ経済的な余裕があったということでもある。この年の大学進学率は27・2％で、まだまだ大卒はエリートだった時代だ。

仕送りは1975年から、ほぼ右肩上がりで増えていく。1977年に5万円を超え、1991年には9万円超えで順調に増えていった。もっとも仕送りが多くなったのは、1996年の10万2240円。仕送りが10万円を超える景気のいい時代もあった。

それが2001年に9万9810円にな

表⑥ 下宿生仕送り額推移グラフ

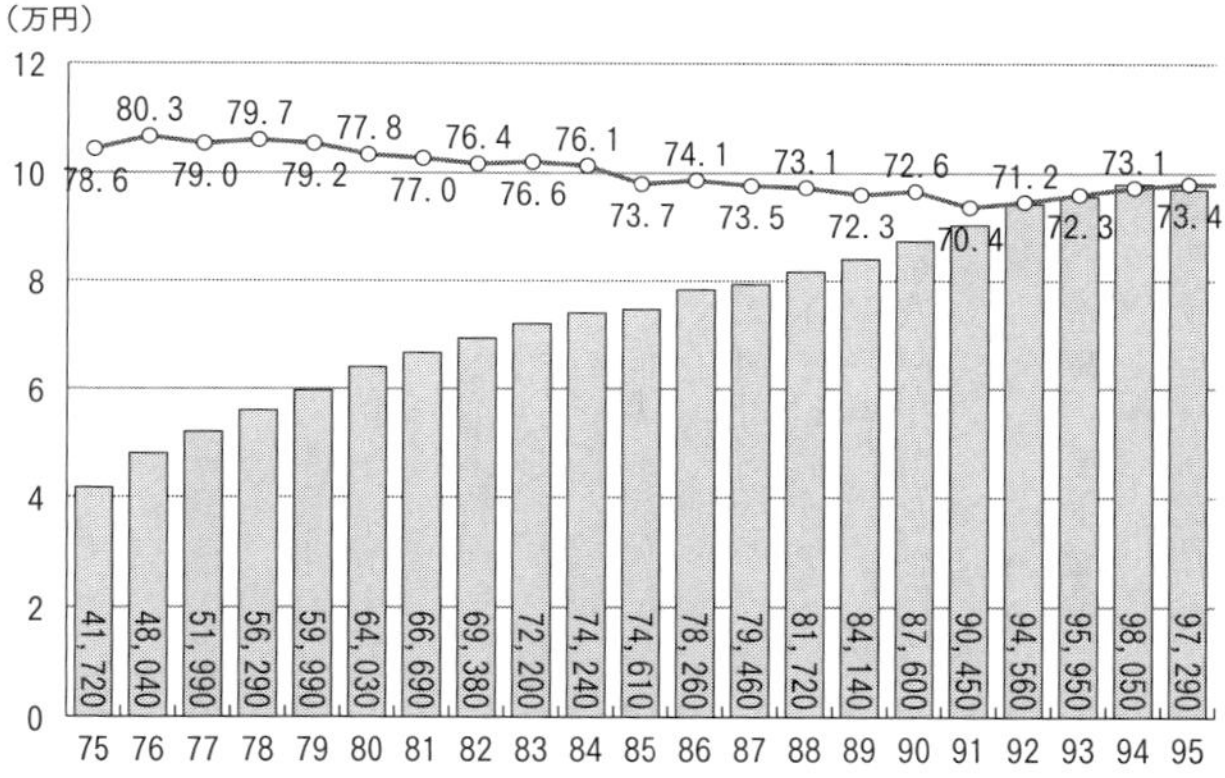

大学生協（全国大学生協連）2015調べ

ってから一転して減り始める。今では1983年レベルにまで下がって7万1440円だ。家庭の貧困がじわじわと広がってきたと見ていいだろう。

学生の収入に占める仕送りの割合も1976年の80・3%以降、下がり続けている。2002年に7割を初めて切り、今は6割を切った状態が7年続いている。2014年の57・4%が最低だ。仕送りの額も割合も21世紀に入ってから下がり続けている。仕送りの割合が下がった分を、学生は奨学金、アルバイトで賄わざるを得ないのだ。

奨学金も見てみよう。1万円を超えたの

が1991年、2万円を超えたのが2004年だ。現在、下宿生の平均収入の19％を占めるようになってきた。仕送りの割合が下がるとともに、奨学金の金額も割合も高くなってきている。1975年に奨学金は全収入の6・8％に過ぎなかったから、3倍ほどに割合が高くなり、学生の奨学金への依存度が高まっている。

アルバイトでは賃金が1万円を超えたのが1979年、2万円を超えたのが1989年だ。こちらは金額上昇が早い。バブル経済の影響で時給も上がっていたからだろう。アルバイトは景気で、就く仕事の内容も変わってくる。

今は2万円台で推移している。時給が抑えられ気味であることも影響している。最近ではブラックバイトも多いので、注意が必要なことは言うまでもない。現在、下宿生の平均収入の20・6％をアルバイトが占めている。1975年には12・8％だったから、こちらも依存度が上がっている。

受験料節約が、推薦・AO入試人気の理由の一つ

この他にも、大学生協の調査では仕送りがゼロの学生の平均収入も調べている。こ

れには自宅生で、小遣いなしの学生も含まれている。自宅生を含めた平均は、奨学金が３万４７３０円、アルバイト代４万４１３０円、その他と合わせて８万２２１０円が平均収入だ。

さらに、住まい別にみると下宿生だと奨学金が７万６２６０円、アルバイトが３万３３００円で、収入合計は11万７７１０円になる。これは仕送りをもらっている学生と比べて５千円ほど下回っているだけだ。仕送りの分を奨学金とアルバイトで稼いでいることになる。奨学金が収入に占める割合は64・８％だ。支出では食費、住居費を抑えている。

仕送りゼロの寮生では、奨学金が６万６８０円、アルバイトが３万７５０円、収入合計は９万４６９０円だ。こちらは仕送りを受けている寮生の平均を１６００円ほど上回る収入だ。奨学金が収入に占める割合は64・１％だ。下宿生、寮生とも収入の64％が奨学金ということになる。一方、自宅生はアルバイトで稼いでいる。

アルバイトも都会ならば仕事があるが、地方では職探しも大変だ。ただ収入面をみれば、仕送りを受けている学生と大差ないが、奨学金の額が大きく、卒業後の返済が気になるところだ。昔は仕送りなしの苦学生もいたが、アルバイトに明け暮れて生活費を捻出していた。それが今は、その分を奨学金が埋めている。苦労の先送りといってもいいかもしれない。

逆に仕送り14万円以上の裕福な学生についても調べている。仕送り平均額は15万9460円。その他に奨学金が1570円、アルバイトは1万7440円で、いずれも平均よりかなり低い。

仕送りや小遣いだけでこれだけあれば、奨学金は借りなくてもいいということだ。自宅生は奨学金ゼロで、誰ももらっていない。アルバイトもあまり熱心にしなくていいことになる。

収入の平均は17万9100円で、収入に占める仕送りの割合は9割近い。この収入は新卒サラリーマンの手取り金額より高い場合もあるのではないだろうか。こういった裕福な学生は、就職したら収入が減ることになる。学生時代のほうが金持ちだったと感じることだろう。まさに優雅な学生生活といえよう。こういった学生はごく少ないと見られるが、普通のサラリーマン家庭で4年間毎月16万円近い仕送りなど、厳しすぎよう。

いまどきの学生の懐事情を見てきたが、それでは次に、入試にはどれぐらい経費がかかるのかを見ていこう。

まずは入試に必要な受験料だ。現状の受験料はセンター試験が3科目以上の受験で1万8千円、国公立大学独自試験の受験料は1万7千円。私立大では1校1学部3万5千円が基本だ。私立大のセンター試験利用入試では、センター試験の成績だけで合否判定する方式で1万7千円の受験料の大学が多い。3万5千円からセンター試験受験料を除いた額ということだ。

文科省によると1975年の国立大の受験料は5千円、私立大は9647円だった。それから比べると、大きく値上がりしている。

私立大の受験料が3万5千円ということは、6校併願すれば21万円が受験料として消えていく。大変な出費だ。中堅の県立高の校長がこう話す。

「中堅の私立大受験が基本の学校ですが、進学校を目指して一般入試で受験するよう生徒を指導しています。しかし、なかなか賛同が得られません。この受験料が問題なんです。本校のPTA会長でも会合で『推薦やAO入試を受けるのが基本』との考え方を話されるので困惑しています。わからないでもないのですが、推薦やAO入試では第一志望での受験が基本で、合格すると入学することになりますが、大学も学生確保が厳しいため、ほとんど不合格になることがなく受験料は1校分の3万5千円で済むのです。

秋には合格が決まりますから、『合格して入学手続きをとったら、後はアルバイトでもして学費を稼ぎなさい』というのが親の考えです。一般入試で何校も受験することなんて、受験料がかかるうえに、どこにも合格できないリスクも背負うため、親は必ず反対します。進学校にしていくためには、乗り越えなければいけない高い壁です」

推薦やAO入試では、なかなか逆転合格は難しい。確かにプレゼンテーション能力が高い受験生は、一般入試では合格しないような難関大に合格してしまうケースもあるが、まれなケースだと考えていい。ただ、受験料が安く済むのは大きな魅力だ。

最近は一般入試でも、併願を工夫する傾向が顕著になってきている。受験料の節約だ。もちろん、自分の偏差値より上の第一志望のチャレンジ校、ほぼ同じ偏差値の実力相応校、偏差値が下の合格確実校であるスベリ止め校で選んでいくのは同じだ。大手予備校によると、国立大を含めて5～6校受けるのが基本のようだ。

ただ、昔のような無謀な受験が減っている。以前なら記念受験ということで、成績が足《た》りなくても早稲田大など上位校を受けたものだが、今はこういった受験は見られなくなってきた。早稲田大や慶應義塾大などに、どうしても入学したいからと、文系学部すべてを併願する猛者《もさ》もいたが、今はほとんどいなくなっている。

合格しそうもないところを受けたり、入れもしないのに全部受けるなどという暴挙《ぼうきょ》をしなくなったのは、受験料がもったいないからだ。さらに高校でキャリア教育が進んだおかげもある。将来、自分の進みたい道を決めて、学部から大学を選ぶ傾向が一般的になってきており、同じ大学を何学部も受ける受験生が減っている。

大学入学までにどれぐらいお金が必要なのか

併願校の選び方も変わってきている。少子化で大学に入りやすくなってきているため、偏差値に大きな差をつけた併願校選びをしなくてよくなってきている。自分の偏差値の10ぐらい下をスベリ止めにする時代は終わってしまった。東京の大手予備校の入試担当者が言う。

「私立大のグループ別で考えますと、今ならワンランク下ぐらいが合格確実校でしょう。たとえば早慶上智、MARCH、日東駒専（日本、東洋、駒澤、専修）で考えますと、早慶上智で模試での合格判定がAやBだとしますと、MARCHを抑えにすればいい感じになってきています。

これが受験生が多く入試の厳しかった1990年前後ですと、2つ下の日東駒専とか、場合によっては3つ下を受けないと合格できないような厳しい状況でした。当時も今もトップ私立大の難易度はあまり変わっていませんが、昔はそれ以下の大学の難易度も詰まっていて高く、競争率も高かったのです。それが今は中堅から下位の大学の難易度が下がり、競争率も下がって上位との差が開き、そのクラスの大学が入りやすくなっているのです」

それも無理のないことだろう。受験生数がピークだった1992年に比べて、20

15年は受験生数が28％減少し、入学者が14％増えているため入りやすいのだ。入学者数も同じく28％減っていれば、入試は昔と変わらず厳しかったのだが、逆に増えているために入りやすい。

これは私立大だけに限らない。国立大だって同じだ。受験生がもっとも多かった1992年の東大合格者数は3619人で、2016年の合格者数は推薦入試合格者を含めて3108人。この間の合格者数は14％減にとどまり、受験生数減の28％を大きく下回っている。入りやすくなっていることは東大でも変わらない。

これほど入りやすくなっているにもかかわらず、チャレンジ受験が減っている。現役で大学に進学したいとの考えが強いからだが、それだけでもないようだ。高校の進路指導教諭がこう話す。

「今の高校生は、失敗を極端に恐れる傾向が強くなっています。先に第二志望の有名大学に合格したら、後の日程の第一志望校を受けない生徒も多いのです。第一志望に落ちて1勝1敗になるより、受験せずに1勝1休みのほうがいいと考えるようです」

入試に落ちることは失敗でもなんでもないように思えるが、どうも今は不合格の受け止め方が昔と違ってきているようだ。落ちるのが当たり前、浪人するのは当然という時代は終わってしまった。これだけ大学には入りやすくなっているのに、推薦、AO入試で大学を目指す人が多いのも、受験料だけが問題ではないということだ。大手予備校の入試担当者が、こんなケースもあったと話す。

「MARCHの1校A大学と早慶上智の1校B大学が同じ日に試験を実施し、生徒は両方に出願していたのですが、それまでの試験の成績が思わしくなかったため、安全にA大学を受け見事に合格しました。しかし、この年は雪がひどくてB大学は、試験日の入試開始時間を遅らせたのですが、欠席者が多かったのでしょう、その日欠席した受験生を対象に、別日程で再試験を行なうことにしたのです。

その生徒は再受験の資格があるため、受験したところ見事に合格しました。最初からB大学を受けていても合格したのではないかと思われ、安全志向の受験を重視するあまり、行きたい大学を受けていない生徒もけっこういるのではないでしょうか」

もう少しチャレンジする気持ちも必要ということだろう。やみくもに受けるのは受験料がかかり過ぎて得策ではない。ただ、最近では私立大で受験料割引き制度が発達してきている。１出願当たり５千円を割り引きするなどといった大学が増えている。こういった受験料割引き制度の実施は、関西の大学が積極的だ。

全学部が同じ日に入試を行なう、全学統一方式を実施する大学も増えているが、この場合、１回の受験で複数学部を併願できる。その時に２学部目から、受験料を大きく減額する大学も多い。

また、受験料の払い込みも、大学が指定する銀行だけでないと納められなかった時代もあった。今は多くの金融機関から振り込め、ネット出願が増えたこともありコンビニでの支払い、クレジットカードでの支払いも可能になってきている。ただ、意外なことにクレジットカードで支払うより、コンビニで支払う人が多いという。今年、子どもを大学に進学させた親がこう話す。

「子どもは10校受けて１校しか合格しませんでした。受験料をクレジットカードで支払ったので請求は翌月になります。請求が来た時に、当然ですが落ちた大学からも請求が来ていて、どうして子どもを落とした大学に今からお金を払わなければいけないのか、と腹が立つやら情けないやらで、クレジットカードでの受験料支払いはやめたほうがいいなと思いました」

感じ方は人それぞれだ。

受験料だけでなく、入学するまでには他にも費用が必要だ。全国大学生活協同組合連合会は「２０１５年度保護者に聞く新入生調査」も実施している。アンケート調査で2万人近い保護者からの回答結果を公表している。

それによると、国公立大自宅生で前期の学費を含めて約１０５万円、国公立大下宿生で約１７７万円、私立大自宅生で約１３５万円、私立大下宿生で約２０６万円かかっている。

中でも学校納付金が国公立大で61万円、私立大で90万円が含まれており、受験にかかった費用の中で、高い割合を占めている。この納付金を除くと、国公立大自宅生で44万円、下宿生で１１６万円、私立大自宅生で45万円、下宿生で１１６万円が必要ということになる。

浪人すると、大手予備校でおよそ100万円

入学するまでの費用としては、受験料を含めた出願までの費用、受験のための交通費、教科書・教材費が必要だ。その他にも下宿生では、住居探しの費用や新生活に必要な家具や電化製品の購入、受験の時の宿泊費が必要で、これらがある分、自宅生よりかかる経費は多い。

この他にも入学式に一緒に参加する親も増えており、下宿生だとこの交通費なども必要だ。子どもに投資して、やっと大学進学までこぎつけたのだから、一緒に参加して喜びを分かちあいたいという気持ちもわからないでもない。

これ以前にも、オープンキャンパスに親子で参加するのも一般的になってきており、これにかかる交通費なども必要だ。最近では父親のオープンキャンパス参加も増えている。夫婦や家族で参加も珍しいことではない。受験生にとってみれば、学費を払ってくれる親に、この大学に進学したいけどいいかということの確認のために参加してもらっている面もあるという。

また、この調査では、入学しなかった大学への納付金も調査している。それによる

と国公立大入学者では43％ほどの親が平均31万円を入学しなかった大学に払っている。国公立大第一志望で、私立大を併願し合格したために、入学金相当額を納めたとみられる。この金額が国公立大に合格すると、無駄金になるのだ。

国公立大だけを受ける場合は別だが、浪人を避けるためにも私立大を併願する受験生は多い。そうなると、先に合格した私立大に入学手続きを取ることになり、入学金相当額を支払っておかなければならない。

私立大の2月試験は、ほとんどが2月中に合格発表が終わり、入学手続きを取ることになる。ところが、国公立大前期の合格発表は3月10日までとなっているため、国公立大の合否結果を見てから、私立大に入学手続きを取ることができない場合が多いので無駄金が出てしまうのだ。

多くの私立大は、学校納付金を二段階で納付できるようにしている。1回目の入学手続き締切日には、入学金相当額を納め、残りは2回目の入学手続き時に納める。とりあえずこの時は入学金などの他に、前期の授業料だけでよく、後期の授業料はその後で払うことが可能だ。

表②（33ページ）を見てもらうとわかるが、入学金は私立大文系で平均23万円ほど、医学部になると127万円になる。これはその後、国公立大に合格したからといっても、返金されない場合がほとんどだ。授業料や施設・設備費は返金されるが、入学金は無理なケースが多い。中には全額払いこんで入学金相当額を除いて返還する大学もある。

現役進学志向が強いため、とりあえず私立大に入学手続きを取り、その後、国公立大に合格すると、そちらに進学することになる。しかも合格から入学手続きまで日数がなく、あらかじめ資金を用意しておくことが大切になってくる。

こういった現象は国公立大と私立大だけではなく、私立大同士でも起こる。仮に第一志望のA大学の合格発表が2月20日としよう。第二志望のB大学の1回目の入学手続き締切日が2月19日だった場合、B大学にお金を納めておかないと、A大学に不合格だった場合は浪人してしまうことになる。その後、A大学に合格がわかったところで、B大学に納めたお金は返ってこないのだ。もちろん、これは無駄金を出さない併願プランを立てることで、避けることができる。

アンケート結果によると、私立大の自宅生の13％で、入学していない大学に31万円払っている。同じように下宿生は12％で29万円、寮生は12％で31万円払っている。浪人しないための保険のようなものだが、それでもけっこうな金額だ。

不幸にも受験した大学すべてに落ちてしまったら浪人するしかない。予備校に通うとなると、当然、入学金や授業料などが必要になってくる。国立大を目指すのか私立大を目指すのか、文系か理系か、志望大学別にも分かれており、予備校でもかかる学費は異なってくる。歴史のある大手予備校では、1年間、夏期講習、冬期講習を含めてざっくり100万円は必要だという。大手の予備校は大都市にしかないため、寮に入って通学するとなると、さらに100万円は必要だ。地方の進学校の進路指導教諭がこう話す。

「予備校の学費が払えない家庭も多く、宅浪する浪人生も増えています。自分で勉強し、わからないところを聞きに来る卒業生もいます」

かつて、予備校も大学と同じで大教室で授業を行なっていたが、今はかなりコンパクトな教室で生徒数を絞って授業を行なうようになってきている。保護者のニーズに合わせているということだ。

また、医科系予備校などでは、年５００万円以上かかるところもある。大手予備校でも医科系クラスだけは高額な授業料というところもある。個別指導の予備校もあれば、自らのペースで学べるビデオ学習の予備校もある。さまざまな予備校があるので、どこを選ぶかは本人の学習スタイルに合わせて選ぶことが大切だ。推薦入試、ＡＯ入試対策中心の予備校もある。

ただ、中には入学後、さまざまな講座をとらせるところがあり、その場合は予定していたより、はるかに経費がかかることになる。「この講座をとらないから成績が伸びない」などと勧めるところもあるようだ。最初からどれぐらいかかるのか、しっかりと調べておく必要がある。

また、今や大手予備校でも現役生向けの講座を用意している。地元の高校受験塾などでも、大学受験向けのコースをもっているところは多い。

浪人は避けたいというのであれば、現役ですんなり進学するために、やはり推薦入試やＡＯ入試で合格するのが無難ではある。ただ、それだと進学先が限られてしまうことも確かだ。一般入試でも、しっかりスベリ止め校を受けておけば、浪人をそれほど心配することもないだろう。

第4章　私立小・中・高の学費事情

大学合格実績アップで、人気高まる中高一貫校

中高合わせた6年一貫教育の人気は高い。高校入試がない分、伸び伸びと学校生活を送れることが人気の大きな理由だ。6年間をフルに使って、自分の趣味や習い事を深めたり、スポーツなどの部活動に打ち込んだり、学校行事に積極的に参加したり、それでいて、しっかり学力が身につくことが大きな魅力になっている。

3年ごとに切れずに連続した6年を有効に活用することで、中学3年や高校1年での海外研修や体験学習などを取り入れている一貫校も多い。高校受験があるとこの時期は何もできない。その時期をムダなく活用できるのが、一貫教育の強みだ。

一貫校は生徒数が少ないところが多いのも特徴だ。1学年200〜300人の学校が多い。そのため、6年間でほとんどの生徒と交流できることになる。また、担任が6年間持ち上がる一貫校も多く、子どもだった中学1年生から、ほぼ大人の高校3年生まで、ずっと生徒と共に過ごす。教員と生徒の距離が近く、長年、生徒を見てきている分、成長をつぶさに理解し、性格まで把握したうえでの教育、指導ができることで効果も大きくなる。

私立一貫校では、いじめ問題が生徒募集に直接響くことになるため、教員が積極的に介入していくのが一般的だ。教員が「知らなかった」などということはまずない。少しでもそのような兆候《ちょうこう》があれば、話し合いの場をもって解決していく。さらに、事前にいじめを起こさない工夫をしている学校もある。中学入試に詳しい専門家がこう話す。

「女子校ですが、中学1年生の時に週1回ぐらいの頻度で席替えをする学校がありますね。クラス全員と友人になることで、いじめを防《ふせ》げるというのです。男子ならパシリをさせられているとか、外からでもいじめを把握しやすいのですが、女子の場合は表面に出てくる時にはもう遅いということもあり、クラス全員と友達になっていると、そのグループと合わないと思うと、他のクラスメイトのグループに入ることができるため、いじめを未然に防げるということです」

さらに、多くの生徒の進学に力を入れる一貫校では、先取り学習を行なっている。中学2年生で中学で学ぶ範囲を終え、中学3年から高校のカリキュラムを学ぶのが一般的だ。高校3年では大学受験対策に特化している一貫校もある。一貫校の進路指導教諭は「結果として、高校3年生の時は、浪人しているようなものですから、現役の大学合格実績は高くなるんです」と話す。

表⑦の東大合格者の高校別人数を見てほしい。トップ10はすべて一貫校になっている。これは25年、四半世紀に及んで続いている。一貫校は大学合格で、圧倒的な実績を残していることがわかる。これは一貫校の教育力が高いことの証でもある。

もちろん、先取り学習を行なわず、基礎力を確実に身につけさせる一貫校もある。先に進むより、落ちこぼれを出さない教育を目指しているところもある。習熟度別クラス編成を行なったり、ついていけない生徒に補習授業を行なったり、確実な学力を生徒に定着させようと考える学校もある。

ただ、どのような私立中高でも、東大に合格者を送り出すことのインパクトは大きい。たとえ合格者が1人であっても、偏差値が高くない一貫校では、翌年の中学入試の志願者が増えることが多い。いわゆる〝お買い得〟校と認識されるからだ。

そういった影響がある反面、保護者からは「子どもを東大に進学させたいわけでもないのに、私立中高や塾などが東大合格者数にこだわる理由がよくわからない」などという話も聞こえてくる。それもわからなくもない。

しかし、東大は日本最難関の大学であることは、誰もが認めるところだ。最難関大学に生徒を合格させる教育力がある学校は、子どもが東大以外のどのような大学を目指そうとも、その第一志望校へ合格させられるだけの教育力があることにつながる。

表⑦ 2016年 東大ランキングベスト30

順位	設置	高校	所在地	合格者数
1	◎	開成	東京	170
2	※	筑波大学附属駒場	東京	102
3	◎	麻布	東京	94
3	◎	灘	兵庫	94
5	◎	渋谷教育学園幕張	千葉	76
6	◎	聖光学院	神奈川	71
7	◎	桜蔭	東京	59
8	※	東京学芸大学附属	東京	57
8	◎	駒場東邦	東京	57
8	◎	栄光学園	神奈川	57
11		日比谷	東京	53
12	◎	ラ・サール	鹿児島	44
13	◎	豊島岡女子学園	東京	41
14	◎	早稲田	東京	38
15	◎	東大寺学園	奈良	37
15	◎	久留米大学附設	福岡	37
17	◎	女子学院	東京	34
18	◎	西大和学園	奈良	33
19		千葉（県立）	千葉	32
19	※	筑波大学附属	東京	32
19		西	東京	32
22	◎	東海	愛知	31
23	◎	海城	東京	30
23	◎	渋谷教育学園渋谷	東京	30
23	◎	浅野	神奈川	30
26	◎	甲陽学院	兵庫	29
27	◎	栄東	埼玉	27
28	◎	武蔵（私立）	東京	26
28		岡崎	愛知	26
30		旭丘	愛知	23

◎は私立、※は国立、無印は公立を表わす
大学通信、サンデー毎日共同調査

東大に合格者を出すことは、学校の教育力を測る目安ということだ。だから、東大合格者が出る意味は大きい。もちろん、地方によって、この教育力の目安となる大学は変わってくる。関西なら京大、北海道なら北大などということになる。

東大に合格者を送り出しても、1年限りなら、「たまたま優秀な生徒が入学してきただけ」と判断されることもある。つまり、一貫校の教育力というよりは、生徒個人の資質で合格を勝ち取ったとの見方をされてしまうのだ。たとえ、もともと資質があったにせよ、挫折《ざせつ》することなく6年かけて成長させた手腕《しゅわん》は称賛に値する。ただ、毎年、東大に合格者を送り出すほうが、よりはっきり教育力の成果と評価されるのである。

だから、学校にとっては継続が大切になってくる。毎年、東大に合格者を送り出しているとなると、偏差値の高い一貫校は別にして、そうそう優秀な生徒が毎年入ってくるわけでもないから、学校の教育力の賜物《たまもの》と見ることができるのだ。もちろん、この逆のケースもある。塾などからは「優秀な生徒が入学しているはずなのに、東大合格者が出ないのは学校の教育力に問題があるのではないか」という見方も起こってくる。

高校募集を停止する中高一貫校も増えている

最近の高校生が大学入試にのぞむのに、もっとも効果があるのが団体戦でのぞむというものだ。かつてのように受験は個人戦で友人もライバルという考えが薄れ、クラス全体で入試にのぞみ、皆で第一志望校合格を目指そうという団体戦に変わってきている。中高一貫校だけでなく、多くの高校で取り入れられている。それで合格実績も上がっているという。

生徒同士がお互いに教えあったり、情報を交換し、励ましあいながら合格を目指すのだ。一貫校の進路指導教諭がこう話す。

「私立大に挑む生徒が大半の学校ですが、優秀で性格もよく、みんなから尊敬されている生徒がいました。クラスメイトにわからないところを教える、クラスの行事や学校行事は率先して参加する生徒で、クラスのリーダーでした。その結果、みんな大学に合格でき、その生徒は東大を受けて最後の発表になってしまったのですが、合格発表日に学校にクラスメイトが自然と集まり、本人が合格を学校に報告に来ると、全員が拍手して喜んでいました。昔では考えられない光景でした」

これも一貫教育の良さの一つだろう。生徒同士が互いをよく知っているというのは、プラスと考えられよう。今や一貫校は47都道府県すべてにある。さらに、こういった教育効果が認められ、今では6年一貫教育を行なう新しい学校種が設けられるまでになった。それが中等教育学校（中教）だ。中学に当たる課程を前期、高校に当たる課程を後期と呼び、前期課程を修了すると中学を卒業したのと同じということになる。

一般的に言われる中高一貫校は、中学と高校それぞれの学校があり、エスカレーター式に中学から高校に進学できるようになっているものだ。中学と高校を通しての一貫教育ということになる。初めから一貫教育を目指して設置されたわけではない。

中等教育学校と中高一貫校の違いは、中等教育学校は、後期での募集がない、言い換えるといわゆる高校募集がない。入学するチャンスは前期つまり中学のみだ。6年一貫教育のために設置されている学校だから当然といえば当然だ。

一方、中高一貫校では高校募集を行なっているところは多い。たとえば開成《かいせい》、筑波《つくば》大附《だい》駒場《こまば》、東京学芸大附、豊島岡《としまがおか》女子学園（以上東京）、灘（兵庫）、東大寺学園（奈良）など。国立大の付属中高は、すべて高校募集を実施している。

高校募集をしていない中高一貫校のことは、完全中高一貫校と呼んでいる。首都圏で多いのだが、これは募集できるのにあえて高校で生徒募集しない学校だ。中学で一緒に入学した生徒と６年間過ごすことになる。近年、高校募集をやめる一貫校も増えている。

完全中高一貫校には麻布《あざぶ》、武蔵《むさし》、駒場東邦《とうほう》、中学入試で女子御三家と言われる桜蔭《おういん》、女子学院、雙葉《ふたば》の３校（以上東京）、栄光学園、聖光《せいこう》学院、フェリス女学院（以上神奈川）、甲陽学院、神戸女学院（以上兵庫）などがある。高校募集を行なっている進学校の一貫校の教員がこう話す。

「先取り学習をしている中学入学者用のカリキュラムと、高校から入ってきた生徒用のカリキュラムと二つあるわけですから、教員の負担が大きいのが実情です。本当は一つにしたいところですが、それには高校募集をやめるという方法しかありません。

最近は経済的な問題も大きく、高校から私立高を選ぶ中学生が減って、公立中から公立高に進学する生徒が増えています。以前のように、なかなか優秀な生徒が集まらなくなってきていることもあり、高校募集をやめる一貫校が増えているのだと思います」

経済的格差で公立中から私立高に進学するより、そのまま公立高を選ぶ受験生や保護者が増えているのだ。学校側としても、やはり二つのカリキュラムがあることを廃止したいのが本音だろう。学習塾の講師がこう話す。

「首都圏ではリーマンショックが起きる2008年より前の時代には、早稲田大や慶應義塾大の付属校と公立トップ高にダブル合格すると、早慶の付属校を選ぶ生徒が多かったのです。高校受験組には、もう受験はしたくないと考える生徒が多くて付属校人気が高く、その傾向は今も続いています。しかし、最近は経済的な面からと、公立高の大学合格実績が上がってきているために、公立トップ高を選ぶ生徒が増えているんです。

たとえば東京トップの都立高の日比谷の大学合格実績を見ると、早稲田大、慶應義塾大への合格者も多く出ています。そのことから早慶の付属校と日比谷とダブル合格した時に、大学進学を考えると、日比谷なら付属校でなくても早慶に進学できる可能性が高く、そのうえ、東大合格者も多いわけです。進学の選択肢が付属校より広く、そのうえ、学費は安いのですから、日比谷を選ぶ生徒が増えているのではないでしょうか」

早慶の付属校では9割以上が併設大学に進学している。進学していないのは早慶にない学部を目指す生徒だ。早稲田大なら大学にない医学部とか、慶應でも併設大の医学部に進学できず、他大学の医学部を目指すなどだ。

出口である大学合格実績が、入り口である生徒募集に直結するようになってきている。私立の進学トップ高や国立高を蹴って、日比谷に進学する生徒も多くなってきているという。高校募集をやめたトップ一貫校の教員がこう話す。

「高校入試で上位の成績の受験生は、ほとんどが入学せず、公立トップ高に進学してしまいます。それは以前から変わらない傾向ですが、その割合が高まり、最近では公立トップ高を選ぶのならまだしも、昔は1人もいなかった二番手の公立高でも、そちらを選んで進学する受験生が出てきました。それだけでなく、昔のように優秀な生徒が入学してこなくなったことも、高校募集をやめた大きな理由です」

公立高改革が進み、一貫校人気にも大きく影響

優秀な生徒が中学受験で抜けてしまって、高校受験では入学してこないこともある。さらに、教育課程の問題もある。現在の学習指導要領の前、2002年からゆとり教育が実施されていた。この時には、公立中で学んできた生徒と私立中で学んできた生徒の学力差が非常に大きかったという。

このゆとり教育では、小学校で円周率は3・14ではなく3でいい、台形の面積を求める公式は覚えなくていいなど、学ぶ内容が削減された。教科書もそれまでと比べて薄くなった。

その結果、私立中高一貫校の人気が上がった。上位クラスの私立一貫校では、ゆとり教育ではなく、それまでの課程どおりの教育を続けると発表した。ゆとり教育になると報道されてから、親が公立では大学入試が心配だと考え、空前の私立中人気とな

り、リーマンショックが起きるまでは、右肩上がりで志願者が増えていった。国立の一貫校では、ゆとり教育のカリキュラムを履行《りこう》した。

私立一貫校人気が起きるのは、無理のないことだが誤解もある。大学入試はその時に行なわれている学習指導要領から出題され、ゆとり教育でもそれは変わらない。したがって、幅広く学んできた一貫校が、大学入試で有利になるわけではない。出題はゆとり教育の範囲からしか出題されないからだ。ただ、社会に出てからとなると、やはり広く学んできた学生が有利ということはある。

こういったことから私立一貫校では、高校からの入学者が、中学から進学してきた生徒に追いつくには、相当な努力が必要になった。片や先取り学習をし、ゆとりではないカリキュラムで学んできているのだから、その学力差が広がりすぎたのだ。それで優秀な生徒が入ってこなくなった、と教員が感じることもあったとみられる。

今、２０２０年の大学入試改革が論議されている。大学入試センター試験を廃止して、大学入学希望者学力評価テストに替わる。この試験を受けるのは２０１６年現在、中学2年生の生徒からになる。

2016年の中学受験で入学した中学1年生は、新入試制度の下で大学入試に挑むことになる。新入試の内容はほとんど決まっていない状態で、保護者にとってみると、どうなるかわからず不安が大きかった。そのため、今年の私立中受験者は増加した。私立一貫校なら何とかしてくれるだろうという期待が寄せられたのだ。制度変更で私立一貫校が人気になるのは、ゆとり教育が始まった時と同じだ。

そのうえ、新入試制度で入試を受けなくて済む大学付属校が人気になった。内部進学で大学まで進学できるため、新入試を受けなくて済むからだ。

このように一貫校人気は高まっているのだが、高校募集が今までどおりではなくなった一貫校が多いのも事実だ。その背景には、公立高進学者が増えていることがある。ただ、その中には、生徒の進学に対する考え方の変化もあるという。高校受験に詳しい専門家がこう説明する。

「最近の高校受験では、中学から進学してくる生徒がいる一貫校を敬遠する傾向があります。みんな同じ条件でスタートラインに立ち、一斉《いっせい》にスタートしたい気持ちが強く、公立高だけでなく、高校単独の私立高を選ぶ傾向が強くなっています。みんなと同じがいいという、今の若者気質でしょうか」

この他にも、私立一貫校より公立高を選ぶようになってきた理由がある。それは公立高改革が進んだことだ。

かつて１９４０年～60年代にかけて、東京の都立高は東大合格者の上位を独占していた。今の開成のように、ずっとトップだったのが日比谷だ。それが１９６８年に灘にトップの座を奪われ、それ以降、都の都立高入試制度改革によって東大合格者は激減していく。日比谷は１９７１年に東大合格者トップ10から落ち、１９７７年に西が10位に入ったのを最後に、都立高はトップ10から姿を消した。１９９３年には日比谷は東大合格者１人まで落ち込んだ。

都立高凋落《ちょうらく》の原因となった入試改革は、学校群制度が導入されたことによる。細かく学区が決められ、合格者は順に決められた高校に振り分けられる方式だった。どの高校も平等な大学合格実績になるよう、日比谷や西に東大合格者が集中しないよう配慮された方式だ。

どの都立高からでも東大に進学できるのは大きな魅力だったが、生徒は進学したい高校に進学できなくなった。家のそばの高校に合格できず、離れた高校に合格してしまうケースも出てきた。それにより都立高が敬遠され、衰退していき、代わりに伸びてきたのが私立中高一貫校だ。

私立中高も最初は高校受験の併願校として人気を集める。自分の希望した都立高ではないところに合格すると、それを蹴って私立高を選ぶ受験生も増えていった。ただ、私立高も公立トップ高との併願先に狙われるところでは、当然、偏差値も高くなって難化した。また、都立高を蹴った優秀な生徒が、私立高に入学してくるようになり、私立高の大学合格実績も伸びていく。そうなってくると、私立高の人気が高まり、合格するのがますます容易ではなくなる。

そこで偏差値も高くて厳しい高校入試を避け、比較的入りやすい中学から入っておけば、そのまま高校に進学できるとの考えにたどり着く。その結果、中学受験が隆《りゅう》盛《せい》になっていった。

1950年代までは、私立一貫校に進学するのは、一部の裕福な家庭の子どもが中心だった。中でも大学付属校が人気で、中学から入学しエスカレーター式に大学まで進学できればいいと考える保護者が多かった。それが高度成長時代を迎え、高校の入試制度の改革もあって、私立中進学が大衆化していったといえよう。

公立高の大学合格実績が上がって人気に

また、この頃から数多くの私立一貫校の合格実績が上がっていく。優秀な生徒が入学してきただけではない。当時のことを知る塾の講師がこう話す。

「都の入試制度改革で都立高に愛想《あいそ》を尽かした教員が私立高に流れたこともあり、東大合格のノウハウが一緒に私立高に流出したため、実績が伸びたと考えられます。その後、都立高がなかなか合格実績を回復できなかったのも、そのノウハウが引き継がれず、優秀な教員が私立高に流れたことが大きかったと見ています」

これは東京だけではない。全国の公立高で停滞が起きてしまう。同じような総合選抜制をとることで、高校入試では不合格者が少なくなり、各校の平準化が実現された。しかし、それによって公立高の画一《かくいつ》化が進み、特色がなくなってきて、独自の教育を行なう私立中高の人気が上がっていったのだ。

また、この頃から〝受験戦争〟という言葉が広がり、難関大入試の激化に批判的な目が向けられた。公立は伸び伸びした教育で、大学進学実績は結果に過ぎないとし、熱心な進路指導は行なわなかったのだ。別な見方をすれば放任ということだろう。

もちろん、私立一貫校にとっても大学合格実績は結果に過ぎない。ただ、教員が各生徒の第一志望合格を果たしてやろうと、力を入れてきたおかげで実績が伸びていったのだ。

公立高がそのような姿勢でよかったのも、世の中の空気がそうだったということだ。それでも実績が出る公立高があり、そういった高校の教員は「受験指導は何もしていないのに、これだけ難関大に合格者が出るんですから、うちの生徒はすごい」と逆に自慢する始末だった。大学進学に関しては、ほとんどが予備校や塾任せだったといっていいかもしれない。

大学進学にも力を入れる私立中高一貫校人気は高まり、大学合格実績でも公私の差は広がる一方だった。それが21世紀に入るとともに、公立高改革が積極的に行なわれるようになっていく。先陣を切ったのが当時の石原慎太郎知事の東京だ。

落ち込んだ都立高の実績を回復するため、改革に乗り出したのだ。日比谷、西、国《くに》立《たち》、八王子東、青山、戸山、立川の７校を、２度に分けて進学指導重点校に指定。予算が多めに配分され、受験に力を発揮したい教員が集まり、しかも予備校などで研修を行なう力の入れようだった。各校独自の入試を実施し、大学進学に力を入れる高校として都が支援しはじめた。もちろん、実績による条件が設定されており、実績が不振の場合は進学指導重点校から外れる仕組みだ。以前の横並びの都立高では、考えられなかったことだ。

改革の成果として、進学指導重点校の大学合格実績は伸びた。日比谷は進学指導重点校に指定されてから初めての卒業生が出た時、前年の東大合格者３人から14人に一気に増え、明らかに効果があったことがわかる。今年は53人合格で、日比谷が50人を超える合格者を送り出したのは、１９７２年以来44年ぶりとなった。

そのため、私立高より学費の安さもあって、公立高を選ぶ家庭が増えている。こういった公立高改革は、全国で行なわれている。

さらに、公立高の入試方式も変わってきている。総合選抜制を廃止した自治体は多い。そのうえ、学区を撤廃《てっぱい》する自治体も増えている。どこの高校でも受験が可能になったのだ。全国的に見てもそうだが、学区がなくなったり、学区を撤廃しないまでも大きな学区に広げる自治体が増えている。ただ、学区がなくなったからといっても、大都市と地方では事情が異なる。高校受験に詳しい専門家がこう話す。

「地方では交通手段が限られ、列車の本数も少なく、そのうえ、交通費がバカにならないため、学区がなくなったからといって、遠くの進学校に通おうという家庭は少ないのが実情のようです。首都圏では学区がなくなって、家から近くて交通の便の良い高校が人気になりました」

その他にも、公立高が生まれ変わった例は多い。工業や商業の専門学科に関しては学区がないところが多いが、京都の市立堀川は普通科だけでなく専門学科の探究科を設けた。これによって、堀川に全府から応募できるようになり、優秀な生徒が集まるようになった。２０１６年の京大合格者は61人で、東大にも5人合格している。探究科を設置する前には、京大合格者はゼロまで落ち込んでいた。今や京都トップの公立高になっている。

堀川の急激な躍進で学校関係者の見学が絶えず、「堀川詣《もう》で」などと言われるほどだった。さらに、地元の中学受験塾の講師は「中学受験でトップ校を落ちて公立中に進学を決めた生徒は、『堀川でリベンジ』とすぐに高校受験に切り替えていました」と話す。

魅力ある公立高が出てくると、受験状況も変わってくる。公立高でも良いという考えが広がるのだ。特に経済的な格差が広がっている現在、公立高への期待も大きい。

同じように改革されているのが大阪だ。専門学科の文理学科をトップ府立高10校である北野、茨木、大手前、四條畷《しじようなわて》、高津《こうづ》、天王寺、生野、三国丘、岸和田、豊中に設置した。

この改革は当時の橋下徹《はしもととおる》知事の肝《きも》いりで始まった。大学進学に力を入れる学科で、特に北野と天王寺は普通科を廃止し、すべて文理学科にする力の入れようだ。

北野と天王寺を中心に、文理学科のある10校の京大合格者は年々増えている。北野は今年、京大合格者は62人で、全国で第3位の合格者数となった。地元の塾関係者は「北野が京大合格者数トップになる日は近い」と予測する。実現すると１９８４年以来のトップということになる。

公立高改革が進む中で、全国で公立の中高一貫校、中等教育学校の新設も増えている。首都圏の公立一貫校新設時の説明会には、学校によっては何千人もの参加者があり、6年一貫教育への期待は大きいことが改めてわかった。それほど人気の一貫教育だが、私立となると、やはりお金の面でハードルが高く、公立への期待が大きい。

東京には中等教育学校、中高併設型の公立一貫校が11校あり、いずれもすでに卒業生を送り出している。東大、一橋大、早稲田大、慶應義塾大など難関大に多数の合格者を送り出し、中学受験者の併願先にもなってきている。公立一貫校では中学（前期）は義務教育のため学費がかからず、高校（後期）は公立高並みの学費だから、経済的な面でも人気が高い。

さまざまな建学の精神があるのが私立の特色

ところが、ここにきて公立一貫校にも、やや人気に陰《かげ》りが出始めている。

1都3県の公立一貫校は20校あるが、今年の志願者数は1万6580人。今年は千葉の上位高の東葛飾《ひがしかつしか》が一貫校に替わって人気を集め、志願者1157人、競争率は14・3倍にもなった。千葉の県立高では、すでにトップの千葉・県立が中高一貫校になっており、それに続く一貫校化ということになる。

ただ、この東葛飾を除いた既存の19校については6％ほど志願者が減っており、競争率も軒並みダウンしている。志願者が増えたのは小石川中教と南多摩中教の2校のみだ。そうはいっても、競争率はすべて4・5倍以上、トップの千葉・県立は9・8倍の狭き門だった。首都圏に教室を展開する大手塾の入試担当者がこう話す。

「私立中入試と異なり、公立中の入試では、以前はそれほど準備もせずに受ける人も少なくありませんでした。入試問題も私立中入試とは異なり、適性検査のような問題ですから、それほど準備しなくても何とかなるだろうとの考えだったのです。ところが、それでは合格できないことがわかってきて、塾に通って対策を取らないといけないということになり、お金がかかることから受ける人が減っているのかもしれません」

大学合格実績を見ていると、公立一貫校の実績は伸びてはいるものの、なかなか県内公立トップ高を抜けないでいる。首都圏だけでなく全国的に見てもそうだ。トップなのは一貫校になる前に、もともと県内トップだった千葉・県立ぐらいのものだ。

公立一貫校の1学年の生徒数が少ないこともある。さらに、公立高全体の改革が進み、地元で名門といわれる高校の人気が高まっていることも理由だ。大手塾の講師がこう話す。

「公立高の入試改革が行なわれると、地元の歴史ある伝統校の人気が高まり、優秀な生徒が集まって合格実績も高くなるのが一般的です。一貫教育は効果があっていいと理解していても、地元で生活していくのなら、地元の名門高校を卒業しておいたほうが卒業生のつながりなどもあって、後々まで何かと有利との考えもあるのでしょう。

地方によっては、大学名よりどこの高校を出たのかをお互い話し合う地方も少なくなく、他県から来た人が、どこを出たのかとの話の時に、答えが高校ばかり出てくるので、『この地方の人は高卒の人が多いんだ』と思ってしまったという笑えない話もあるほどです。地域によっては名門高出身者は、有利なことも多いようです」

以前は中高一貫校は、私立や国立にしかなかった。国立の学費は安いが、設置数が少ないこともあり偏差値が高く、合格するのは容易ではなかった。そこに公立校の私立校化が進むことで、一貫校がたくさん新設されるようになってきた。受験生や保護者にとっては、学校選びの選択肢が広がっている。

同じ一貫校でも公立と私立の根本的な違いは、建学の精神にある。私立校には学校数とほぼ同じだけ創立者がいて、こんな学校にしたいとの思いが、脈々と受け継がれている。それが校風として伝わり、教育方針にまでつながっている。たとえばキリスト教、仏教など、宗教教育を行なえるのは私立の特徴だが、これも建学の精神から由来している。

埼玉、群馬、栃木などのように、地方によっては公立高に男子校、女子校が設けられているところもあるが、ほとんどの公立高は共学だ。福島や宮城にもあったが、今はすべて共学に変わった。

男子校、女子校の別学教育も私立校の特色だ。最近では男子校の人気が上がっている。以前は荒々しい子が進学するイメージだったが、今は少しひ弱な男子生徒が入学しているという。母親の男子校で鍛《きた》えてほしいとの思いから、入学させていると男子校の関係者は言う。

最近では別学から共学に変わる学校も増えている。それを機に学校改革を行ない、今までとはまるで別の学校に生まれ変わる一貫校も多い。中学入試では、こういった新しい学校の教育方針に賛同し、人気になる学校も少なくない。大学選びは保守的になりがちだが、中学選びでは異なっている。

「6年後にはこういった生徒を送り出し、このような大学に進学させます。それを実現するため、このような教育を行ないます」などとマニフェストを発表し、多くの保護者が教員の熱意などに賛同して、人気が出る学校が少なくないのだ。

そういった改革を行なう一貫校は、偏差値が低めで生徒募集が厳しいところが多い。新しいコンセプトの学校で、子どもを伸ばしてほしいと親は思うのだ。実績が出てからでは偏差値が上がって入れないと思うと、今なら手頃な偏差値で入学できるため、お買い得感から人気になっている面もある。それ以外にもグローバル教育に力を入れる、アクティブラーニングやICT（情報通信技術）を活用した授業の学校などが人気だ。生まれ変わった翌年に、志願者が前年の10倍以上、2千人を超えた学校もあるほどだ。

この他にもスポーツに力を入れる学校があったり、礼儀作法を重んじる学校、教養教育を行なう学校など、さまざまなタイプの一貫校がある。その中から子どもにあった学校を選んでいくことになる。大手塾の入試担当者が言う。

「実績が伸びている一貫校は生徒に寄り添うような姿勢で、教育を行なっている学校です。学力だけでなく、部活動、学校行事、国際交流など、バランスよく取り組んでいる学校の実績が伸び、勉強ばかりに偏っている学校は伸びていません」

私立一貫校は6年間で平均500万円必要

一貫校人気を牽引《けんいん》してきた私立中高だが、いったい、どれぐらいお金がかかるのだろうか。大学通信の調べによると、首都圏の中高一貫校の初年度納入金の平均は約98万円。入学金、施設設備費、諸会費などの合計金額だ。諸会費にはＰＴＡ会費、生徒会費、学校保健費や教材費、実験実習費などが含まれる。入学金などを最初に納め、その後、月々５～６万円を払うことになる。

学校による格差も大きい。大学付属校の学費が高いことはよく知られている。しかも大学によって幅がある。初年度納入金は大学の文系の学費並みの金額で120万円ほど必要だ。入学時の納付金がもっとも安い中高一貫校だと58万円程度で、もっとも高いところだと187万円ほどになる。その差は130万円近くだ。それだけでなく地域間格差も大きい。

特に国際系のコースなどの学費が高めだ。特殊な教育ということもあるし、海外研修の費用が必要だからだ。初年度納入金に海外研修の費用が含まれている学校もあれば、実際、研修に行く時になって徴収する学校もありさまざまだ。

6年間トータルの学費は、平均でおよそ450万円。中学から高校に進学する時に入学金が必要な学校もある。中学入学時の半額でいいところ、高校からの入学者と同額など、学校によって変わってくる。

高校では「高等学校等就学支援金制度」があり、年収制限はあるものの、申請すれば公立高の授業料と同額が減額される。私立中学校や私立小学校でも、同じような制度が今後、設けられることになっている。

この他にも各自治体で授業料軽減助成金制度などが設けられている。大学とは違って、高校では手厚い支援制度がある。高校進学率が１００％近いからだろう。

学費以外に必要な経費としては、制服代、指定された体操服や運動靴、通学バッグなどの費用、それ以外にも通学交通費などが必要だ。給食を実施している学校では給食費も必要になる。こういった費用は公立中学入学時にも必要で、義務教育でもお金はかかる。

その他にも修学旅行などの校外学習費がある。これも行先によって変わるが、国内なら5〜10万円、海外なら30〜50万円ほど必要になってくる。これは毎月の納入金に加算して積み立てることになる。これらを学費に加算すると、６年間の総額は５００〜５５０万円になる。

具体的に見てみると、首都圏トップの男子校の開成は6年間で約５１６万円、女子校の桜蔭では約４８４万円必要だ。豊島岡女子学園が約４２０万円などとなっている。塾の講師がこう話す。

「中学入試で桜蔭と豊島岡女子学園を併願するのは一般的ですが、ダブル合格すると今までは桜蔭に進学する受験生が圧倒的でしたが、最近では豊島岡女子学園を選ぶご家庭も増えています。豊島岡女子学園の大学合格実績が大きく伸びたことで、学費の安い豊島岡女子学園を選ぶご家庭が増えたと見られます。中学受験で投資していても、やはり6年間のお金のことを考えての進学校選びのようです。もちろん、それだけでなく教育の中身、交通の便なども比較検討した結果でしょうが、最近はこういった選択も出てきています」

この他にも、希望者だけの海外研修を用意している一貫校もあり、参加するとなると別途お金がかかる。半数の学校で寄付金や学債の制度があるが、任意での納付がほとんどで、金額も20〜30万円が一般的だ。

最近では、厳しい入試を経て私立一貫校に入学してきても、親のリストラや会社の倒産などで、私立中高をやめる人も少なくないという。学校としても独自の奨学金などで援助しているが、高校進学段階で公立高を受験して転校していく人もいる。経済的な理由で途中で転校していくのは、子どもがかわいそうなことは言うまでもない。

その他にも、中学生の時にあまりにも授業についていけない場合など、学校から転校したほうがいいと勧められる場合もあるようだ。入学して安心してしまってはダメということだ。

また、寮のある地方の私立中高一貫校へ進学するケースも出てきている。東京で入試を行なう地方の一貫校も多い。小学校６年生の中学受験率は首都圏がもっとも高くて約15％で、近畿圏では10％を切るぐらいだ。やはり受験人口が多く、地方の一貫校を試し受験で受けてくれることが期待でき、しかも受験料収入もかなりなものになる。

地方の一貫校に進学すると、寮生活を送る生徒が多い。ハリー・ポッターではないが、寮での生活の教育効果は大きいといわれている。

今まで身の回りのことは、親がすべて面倒を見ていたのが、寮に入って掃除、洗濯、片づけなど、身の回りのことをすべて自分でやることになる。さらに、規則正しい生活を送ることで生活力がつく。これが学力にもつながって、成績がアップするというのだ。

入学後、１カ月経ってゴールデンウィークに子どもが帰省してきた時に、わずか１

カ月で、しっかりしているわが子に感激する親も少なくないという。ただ、寮のため食事には気を使うようだ。寮のある地方の一貫校の教員がこう話す。

「アレルギーなどはもちろんのこと、お子さんに好き嫌いはありませんかと入寮前に聞いておきます。『好き嫌いはありません』と母親が答えたので安心していたら、寮生活が始まると食事を残すことが頻繁で、本人に聞くと好き嫌いだらけだったことがわかりました。最初に母親から聞いていた話とまったく違うので、生徒に事情を聞いたら『母親は自分の嫌いなものを食事に出さず、好きなものだけで料理を作っていた』と答えたのでびっくりしました。母親も長年、子どもの好き嫌いを踏まえた食材を使って料理を作ってきて、いつの間にかそのことを意識しなくなり、好き嫌いなしと思い込んでいたのでしょう」

ただ、寮費となると2食付で、しかも夜は勉強を見てくれる教員などもいるため高くなる。この費用も学校によって異なるが、6年間最低でも500万円ぐらいは必要だ。帰省の交通費を含め、学費と合わせると6年間で軽く1千万円を超える。年180万円近くが必要になってくるわけで、普通のサラリーマン家庭では払いきれない金額だ。

当然ながら医師の子どもが多くなる。たいていの場合、寮のある一貫校では医学部進学に力を入れているところが多い。

学費だけでなく、私立中進学には学習塾に通うことが必要になってくる。塾に行かずに難関の一貫校に合格する人もいなくはないが、ごく少数派だ。

通塾に必要な金額で、よく言われるのが月額で小学4年生が4万円、5年生が5万円、6年生が6万円だ。1年間にすると48万円、60万円、72万円になる。小学4年生から通うと最低でも180万円が必要ということになる。その他にも春休み、夏休み、冬休みの講習会の費用、模試の費用などが必要になり、軽く200万円を超える。

もちろん、この金額は塾によっても幅があり、個人塾、大手塾、個別指導塾など、塾の形態によっても変わってくる。大手塾でついていけない場合など、個別指導塾を合わせて勧めるケースも少なくない。その時にはさらにお金がかかることになる。

通塾をいつから始めるかでも、かかる経費は変わってくる。一時、小学4年生からってもよるが、塾に通うのが一般的だった。経済的な問題もあり、最近では通塾開始の学年は遅くなっているという。子どもにもよるが、塾に通うのが遅くても入試結果に大きな影響はないようだ。

塾の費用、私立小の学費はどれくらいか

早くから塾に通っても、希望の学校に合格できない子もいる。これぱっかりは本人のやる気もあり、親としては適性を見極め、あまり向いていないようなら、高校受験に切り替えるなど早い判断が必要になってくる。成績が伸びず、母親も「勉強しなさい」と言い続けるのに疲れてしまう場合も出てくる。

中学受験は小学校の成績が相対評価から絶対評価に変わり、成績がクラスの中でどれぐらいかわからなくなってしまった。そのため、自分の子は優秀なのではないかと考え、中学受験を目指す人もいるようだ。通塾して初めて、自分の子の実力を知ることになるケースもある。

また、塾の送り迎え、模試を受けにいく時の付き添いもあり、この役割分担も家族

で決めておくことが必要だ。

一方、高校受験でも塾代は必要になってくる。中学受験が専門の塾と高校受験が専門の塾では、やはり中身が違ってくる。両方の面倒を見る塾もあるが、どちらが強いかを知って選ぶ必要があるだろう。

費用は塾によって千差万別《せんさばんべつ》で、通塾する学年によっても違ってくる。部活動や学校行事で、そんなに塾通いもできないとなると、選び方も変わってくる。受ける教科数によっても費用は異なる。

大手塾で見ると４教科で中学1～2年生は年額57万円ぐらいで、３年生になると68万円ぐらい必要だ。合計すると3年間で１８０万円ぐらいは必要のようだ。高校受験の塾でも通塾開始が遅くなっているという。昔なら地元の名門高を目指して、小学校6年生から通塾する人もいた。公立高入試では内申《ないしん》点が問われるため、入試対策だけでなく、学校での成績も大切だからだ。

私立高入試では特待生制度も多数設けられている。入学金などの負担だけで授業料や施設設備費は不要、あるいはすべて不要、入学金だけ免除など、学校や成績によって異なる。優秀な生徒を確保することで、大学合格実績を上げたいとの狙いもある。近年、東大に初めて合格者を送り出す私立高が出てきているが、多くは特待生だ。特待生制度は中学入試でも設けている。ただ、制度を設けているところは偏差値50以下の学校であることが多い。

次に私立小についてみてみよう。生徒数が少ないため、教員の目が行き届き、子どもに合わせた教育をすることで評価されている。1年生から、ネイティブ教員と日本人教員による英語の授業を取り入れたり、ＩＣＴを活用した教育なども積極的に取り入れている。

しかし、私立小に通う児童数はまだまだ少ない。文科省によると、全国に私立小は２３０校あるが、通学している児童数は全国で７万７千人ほどで、全小学生に占める割合は１・２％と少ない。東京がもっとも多く、全私立小通学者の33％を占める。もちろん、私立小がない県もある。

最近では大学が付属小学校を新しく設置する例も増えている。関関同立（関西大、関西学院大、同志社大、立命館大）のすべてに小学校が設置され、慶應義塾大も伝統ある幼稚舎の他に慶應義塾横浜初等部を新設している。

最近の私立小では、昔ながらにそのままエスカレーター式に大学に進学できるところが人気だ。ただ、大学には入りやすくなっていることから、早慶などは別にして、大学付属校だからといって人気になっているわけではない。

むしろ、中学受験で人気という学校も増えている。私立小で中学受験の面倒を見てくれるということだ。わかりやすい例でいうと、併設の中高一貫校が女子校だとすると、小学校が共学の場合、男子生徒は中学進学では他の学校に進まざるを得ない。そのため、中学受験指導に力を入れてくれるのだ。

親としては、受験に関する意見、子どもにどこの学校が向くかなど、進学に関しては多くの人から意見をもらいたいものだ。大学受験では在学高校の教員と通っている予備校や塾の講師、立場が異なる二人から、それぞれ話を聞くことができる。いわゆるセカンドオピニオンがある。高校入試でも同じだ。

ところが、中学受験では塾からしか話が聞けない。公立の小学校の教員は中学受験のことはわからず、セカンドオピニオンがない状態だ。そこで、相談に乗ってくれる私立小に注目が集まる。さらに、受験のための便宜《べんぎ》を図ってくれることも大きい。6年生の12月、1月はまさしく中学受験の追い込みの時期だが、その時に学校行事がある公立小学校なども少なくない。

こういった不都合が生じないよう配慮してくれるのも、私立小の良さだ。中学受験には公立小学校の教員が関与することはまずない。子どもを私立中に進学させた保護者は「中学受験をすることを小学校の教員に話すと、すべて落ちて地元の公立中に進学するような結果になった場合に、中学でいろいろ不利になると聞き、けっして話しませんでした」という。真偽のほどは定かではないが、噂として広まっているようだ。相談どころか受験することすら言わないのが現状だ。

さらに、小学校からでないと入学できない一貫校もある。田園調布雙葉は中高での募集がなく、小学校で入学する以外進学する方法がない。聖心女子学院も2014年から中学校である中等科での募集を停止し、小学校に当たる初等科からでないと進学できなくなった。ちなみに、聖心女子大には一般受験をすることは可能だ。

私立小はその他にも、アフタースクールで人気の学校もある。放課後に学校で子どもを安心・安全に預かり、スポーツ、芸術、学習など、さまざまなプログラムを受けることができる。両親ともに働いている場合など、お迎え時間が遅くできるため人気が高い。

私立小に通学させる理由はさまざまで、「地元の小学校に通わせると保護者との近所付き合いが面倒だから」と、私立小に通わせる保護者もいる。また、次のようなケースもある。地方の塾の塾長が言う。

「地方では、子どもを小学校から大学付属に入学させる中小企業の経営者もいます。地元では名の通った大学ですので、エスカレーター式に進学してくれればそれでいいとの考えで、当然、親は子どもを自分の会社の後継者にしたいと思っています。もし進学校に進んで、東京の大学に進学して彼女でもできてしまえば、跡取りにしようとして呼び戻そうとしても、彼女に『東京を離れるのは嫌』などと言われることもあるでしょう。その場合、息子は二度と地元に戻ってこないのではないかとの不安があり、大学付属小学校に入れて地元を離れないようにしたいから、進学させるというわけです」

私立小の学費についてだが、具体的に見ると早稲田実業学校初等部で、今年の入学者については6年間で576万円必要だ。初年度納入金は約135万円。慶應義塾幼稚舎の初年度納入金は約154万円だ。ここでも大学付属校は高くなっており、6年間の学費が700万円近いところもある。

小学校受験塾もあり、5歳児で1年間40万円ぐらいが必要と見られる。これも塾により異なり、一概《いちがい》にはいえない。オプションも多く、スポーツ、絵画など子どもの苦手分野だけを見てくれる授業もある。夏休みや冬休みには課外授業もあり、それに参加するとなると、最終的には80万円ぐらいかかるようだ。

第5章　学歴をお金で買う時代――格差の再生産

教育費1人3000万円の現実

教育費は年々高騰し、親の負担はどんどん増えてきている。今後も消費税が10%になると、私学では学費を値上げするところが出てくると見られ、さらに教育費は増大していくことになる。値下がりしているのは私立大医学部の学費ぐらいで、大きく値下げしている大学はほとんどない。経済格差が広がる中で、教育を受けられるか、受けられないかの差がクローズアップされている。

高校では年収にもよるが、授業料減免が国公立で行なわれ、私立も同額が減免されている。もちろん、制服代など義務教育である公立でも、授業料以外にお金が必要なケースは多い。今後は私立小中でも補助が行なわれるが、最大で年間14万円ほどになりそうだ。

在学中に必要な金額がそれだけで済めばいいが、さまざまな形で在学中にもお金が必要な場合もある。たとえば、グローバル教育の一環で海外での研修を行なう学校が増え、全員が行くところと希望者だけの学校がある。その際にもお金が必要になってくる。入学後に臨時の出費が必要になることは、珍しいことではない。

それに対して、収入のほうは年齢とともに、増えていくのかどうかは景気任せという面が大きくなってきている。日本が右肩上がりに成長していた時代は終焉を迎えた。今後、経済成長するのかどうかは不透明だ。しかも年齢給から能力給に変わってきている。ところが、収入が増えるのかどうかに関係なく、教育費は値上がりしていく。

年齢とともに収入が増えていくことを前提に、子どもの教育費を考えるケースも多いが、本当にそのとおりに収入が増えていく保証はない。思ったほど収入が増えなければ、たちまち子どもの学費の支払いに窮《きゅう》することになる。子どもの教育費を考えていくうえでは頭の痛い問題だ。子どもに、親が思ういい教育を受けさせるには、それなりの費用が必要な時代なのである。

その学費は子どもの時からトータルすると、どれぐらい必要になるのだろうか。文部科学省は毎年「子供の学習費調査」を行なっている。2万9060人に調査した2014年の結果が表⑧（189ページ）だ。幼稚園の3歳から高校3年生までの15年間の学習費総額をアンケート調査している。ここには習い事や学習塾の費用、参考書の購入費など、教育にかかるすべてが含まれた平均額だ。これによると、幼稚園は3年間で公立63万円、私立149万円、小学校は6年間で公立192万円、私立922万円、中学校は3年間で公立144万円、私立402万円、高校は3年間で公立123万円、私立297万円になっている。

これを合計すると、すべて公立の学校を卒業する「ケース1」で約523万円かかり、すべて私立の「ケース6」だと約1770万円が必要になる。すべて私立の生徒は、すべて公立の生徒の3・38倍の費用がかかる計算だ。

私立の子どもが占める割合は、幼稚園では82・7%、小学校では1・2%、中学校では7%、高校では32%になっている。幼稚園に通う生徒のほとんどが私立に通っていることになる。義務教育の小中では、圧倒的に公立に通う児童、生徒が多い。

幼稚園、小学校など、公立と私立をどう組み合わせていくかで、教育費総額は大きく変わってくる。幼稚園は私立、小学校は公立、その後、私立中高一貫校に進学したとすると、「ケース5」に当たり、平均で約1041万円が必要ということになる。

ほとんどの人が私立に通っている幼稚園だけを私立で、他の学校は公立だとすると、

表⑧ 幼稚園3歳から高等学校第3学年までの15年間の学習費総額

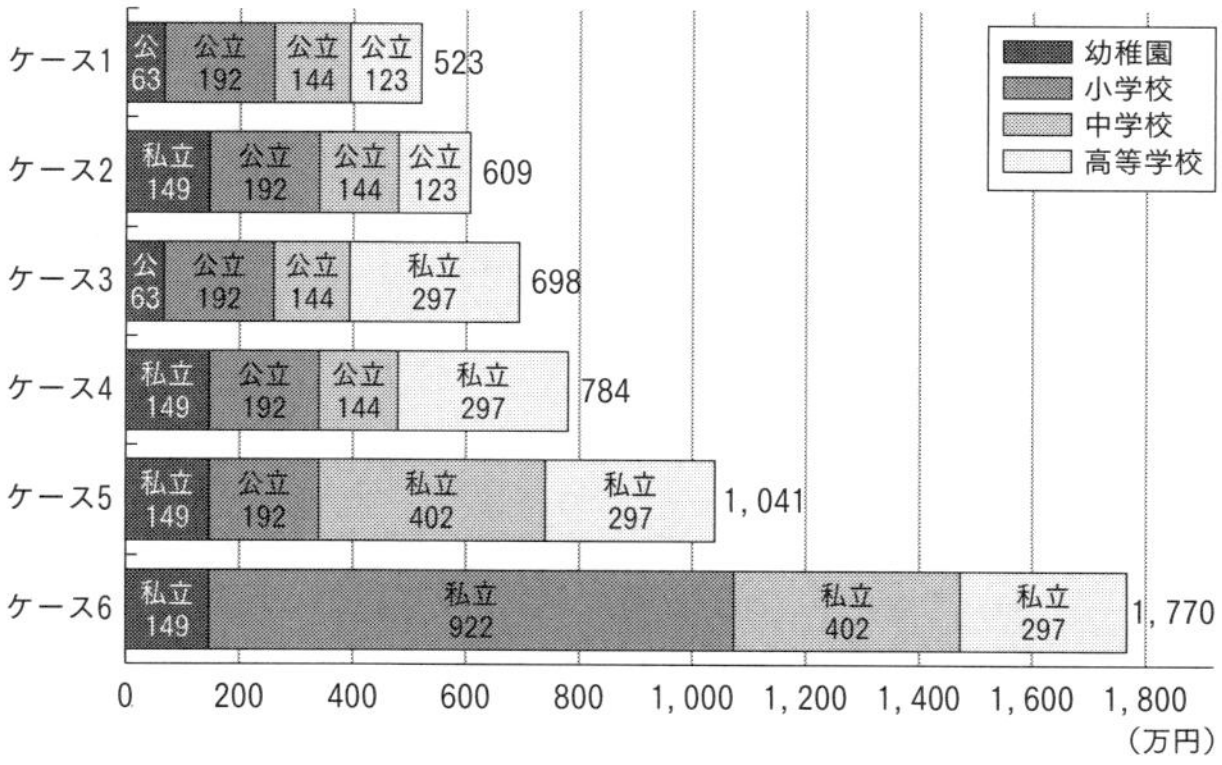

ケース1：すべて公立に通った場合
ケース2：幼稚園のみ私立に通った場合
ケース3：高等学校のみ私立に通った場合
ケース4：幼稚園及び高等学校は私立に通った場合
ケース5：小学校のみ公立に通った場合
ケース6：すべて私立に通った場合

文部科学省データより

「ケース２」になり、平均で約６０９万円が必要ということになる。親が考える子どものライフプランに合わせて、学校を選んでいかなければならない。

当然のことながら、私立は各校によって学費に差がある。公立校のように一律というわけにはいかない。小学校から高校まで大学付属校に通えば、この平均額よりはるかに高い学費が必要になる。その一方で、進学のための塾や予備校の費用は要らない。しかし、落第させる付属校もあり、成績が悪い時には、塾や予備校に通ったり、家庭教師をつけたりする必要が出てくる。

トータルで考えて、どこにお金をかけるかを考えることが大切だ。進学校に入学したが希望の大学に合格できなかった場合など、浪人するケースも出てくる。そうなると、予備校代などでもっと教育費がかかってしまう。

ただ、首都圏のほうが教育費は高めということもあり、この金額はあくまでも目安と考えたほうがいいだろう。

さらに、この金額に高校卒業後の進学先である専門学校、短大、大学の費用を加算しなければならない。高校卒業後、高等教育を受ける人は8割にも達しているのだから、当然、その費用が必要だ。

たとえば、地方の生徒ですべて私立校を卒業し、東京の私立大・文系に進学したとしよう。そうなると1770万円に、大学4年間の仕送りと学費を含めた平均額の840万円が加算され、合計で2610万円が必要ということになる。進学先が私立大・理工系だと4年間で平均1000万円かかるので、総額で2770万円が必要になる。さらに、私立大医学部に進学したとすると、修業年限は6年で、仕送りも2年分増えることから６０００万円近くかかることになる。

その上に受験にかかる費用、東京で一人暮らしを始める費用などが加算されていく。仕送り金額をいくらにするかでも費用は大きく変わる。さらに、大学院に進学するとなると、もっとお金がかかることになる。教育費は幼稚園から大学卒業までに、1人３０００万円かかるといっても過言ではない時代になってきた。

娘を名門の中高一貫校・女子学院から京都大学へ入れた、保護者は言う。

「小学校から大学受験までの塾代、中学高校学費を合わせると、およそ２０００万円かかりました。おかげで大学は国立に受かりましたが、下宿代など月15万円ほどの仕送りが必要なので、さらに１０００万円ほどかかります。娘はよく、お金で買ってもらった学歴だね、と冗談で言いますが、ある意味本当のことなので笑えません」

公立では高校、私立では中学と大学受験にお金をかける

こう見てくると、教育費の面でもっとも親孝行なのは、幼稚園から高校まで公立校

に通い、大学は文系でも理系でも、現役で地元の国立大に進学している子どもだろう。国立大は、自宅から通学すると4年間で卒業したとして、必要なお金は平均で315万円だから、約523万円に加算して838万円が必要ということになる。これに受験の費用がかかるが、これも何校受験するかで変わってくる。それでも850万円以内に収まるとみていいだろう。これがもっともお金がかからないケースということになる。平均額で比較すると850万円から6000万円まで、どういった進学先を選ぶかで、必要な金額は大きく変わってくることがわかる。

ただ、もっとも安い850万円でも、19年間かかって払う金額だから、年にすると45万円弱必要ということになる。月に換算すると3万7千円ほどだ。これがもっとも安いといわれても、安いかどうかは見解が分かれるところではないだろうか。

今まで見てきた金額は、各学校の修業年限(15年間)合計の平均額だ。それに年額の平均額も文科省から発表されている。それを見ていこう。

2014年の幼稚園から高校までの年額平均は、幼稚園で公立22・2万円、私立49・8万円、小学校は公立32・2万円、私立153・6万円、中学校は公立48・2万円、私立133・9万円、高校は公立41万円、私立99・5万円だ。

この費用には「学校外活動費」として、各家庭での学習机や参考書等の購入費、通信教育や学習塾などの費用が含まれ、「補助学習費」として区分されている。それ以外のおけいこ事やスポーツ、体験活動や地域活動などにかかった費用は、「その他の学校外活動費」として区分され、これも含まれている。

これを見ると、格差がもっとも大きいのが小学校だ。私立小学校は公立小学校の4・8倍の高額になっている。幼稚園で2・2倍、中学校で2・8倍、高校で2・4倍だ。

さらに、この金額の内訳を見てみよう。公立小学校の費用の内、学校教育費は5・9万円、給食費が4・3万円、学校外活動費が21・9万円だ。今は給食費が払えない人が多く、大きな問題になっており、経済格差の象徴のように言われている。ただ、学校関係者によると、中には給食費を払えるのに払わない保護者もいるという。

学校外活動費が全体の7割近くを占めており、これを削減することで費用を安く抑えることが可能だ。ただ、子どものおけいこ事やスポーツスクールなどでは、なかなか切り詰めることはできない。親が教えるわけにもいかず、スキルアップするにはエキスパートに学ぶしかない。子どもの勉強なら、親が見てあげることはできるが、そうでなければ難しいところだ。

次に、文科省は親の年収ごとの、学習塾などにかける費用である、補助学習費の平均額も調査している。表⑨は公立と私立の学校別の費用だ。

公立では年収が増えるにつれ、補助学習費の金額が増えていることがわかる。特に中学校での費用が、ずば抜けて高くなっている。表には出ていないが中学3年生での支出が、もっとも大きい。やはり、高校入試に備えて塾通いが増えるからだ。公立の中学校での補助学習費は、私立の同じ年収の世帯より、すべて高くなっている。公立の保護者は、高校受験に相当な金額をかけていることがわかる。

年収「1200万円以上」の世帯では、小学校の補助学習費が35・6万円と年収「1000～1199万円」の14・3万円の2・5倍ほどになっている。これは中学受験を目指して、塾などの費用がかかるからだろう。公立でも年収が高い世帯では、中高一貫校を目指す傾向が強いと見られる。

　また、公立では高校での費用が比較的、低く抑えられているのも特徴だ。高校での費用は、公立では年収「１０００～１１９９万円」の世帯と「１２００万円以上」の世帯の差がほとんどない。専門学校への進学者もいるだろうし、受験して大学に進学する場合でも、学校の勉強だけで進学している人が多いと見られる。その他にも大学進学では、推薦やＡＯ入試を活用することで、予備校などの費用が抑えられていると考えられる。

　公立の小学校や高校での補助学習費は、私立の同じ年収の世帯より、すべて低くなっている。公立と私立では、教育へのお金のかける時期が異なることが明らかだ。

　一方、私立では小学校でかける金額が大きい。これは中学受験を目指して

表⑨　世帯の年収別補助学習費

公立校　　　（単位：万円）

収入	小学校	中学校	高等学校
400万円未満	4.5	15.5	7.9
400万円～599万円	5.7	19.6	9.9
600万円～799万円	8.5	25.4	13.2
800万円～999万円	10.0	31.5	17.6
1000万円～1199万円	14.3	34.3	27.2
1200万円以上	35.6	40.6	28.6

私立校　　　（単位：万円）

収入	小学校	中学校	高等学校
400万円未満	15.1	14.1	9.5
400万円～599万円	22.4	17.7	10.5
600万円～799万円	21.5	17.2	15.2
800万円～999万円	25.7	16.8	22.1
1000万円～1199万円	28.9	19.5	29.2
1200万円以上	37.5	23.6	46.1

文部科学省データより

いるからだろう。年収が高くなれば、増えていくのが高校での費用で、大学受験を目指す予備校などへのお金と考えていい。

特に年収「1000～1199万円」の世帯では、小学校と高校でかける学習補助費が同じぐらいの金額で、「1200万円以上」になると小学校より高校で、補助学習費が多くなっている。

小学校と高校が同じ金額といっても、世帯の負担感は小学校のほうが大きく感じるはずだ。やはり若いと年収が少ない分、同じ金額だとしても年収に占める教育費の割合が高くなるからだ。

祖父母に支援してもらうのも一つの方法

こう見てくると、私立校出身者は高校で大学受験に、お金をかけていることがわかる。おそらく一般入試で、受験する人が多いということだろう。そのため、予備校や学習塾に通う人が多いことになる。推薦、AO入試対策の予備校もあるが、普通は一般入試対策だ。国立大を受けるのなら、センター試験だって7科目以上必要になり、受ける科目の講座数も増えていく。それだけ、お金がかかるということだ。

幼稚園、小学校、中学校では、子どもの進学先について国立、公立、私立のいずれにするのか、その中でどの学校を選ぶかは、やはり親の責任で決めなければならないことだ。中学受験は親の受験とも言われている。その時に、トータルでかかる費用の計算は避けては通れない。

教育には金に糸目をつけない親が多いが、ない袖《そで》は振れないことも確かだ。子どもを私立中高から、私立大に送り出した保護者がこう話す。

「子どもが小学校の低学年の時に、私立一貫校に進学させたいと思いましたが、とても学習塾代、入学金などの初年度納入金が払えないことがわかり、結局、自分の親に頼って援助してもらい、小学校４年から学習塾に通わせました。家のローンを抱えながらでしたから、自己資金では無理で周りでもそのような人が多かったようです。最初は親に頼って払ってもらっていましたが、世帯の収入が増えてきて、自分たちで払うことができるようになりました」

こういったように子どもの教育費を、祖父母に頼るケースは増えている。親がまだ若く、お金がないと頼るのは実家ということになる。中学受験だけでなく、小学校受験でも同じようなことになる。大学受験でも、私立大医学部の学費などをサラリーマン家庭で払うのは厳しく、祖父母が負担するケースもある。

「自分はサラリーマンですが、医師だった父親が孫を医師にしなさい、といって資金を残して亡くなりました。その遺志を継いで子どもを医師にしたいのですが、どこの私立中に進学させれば医師になりやすいのでしょうか」との質問を、お父さんから受けたことがある。

もともと祖父母の孫の教育への関心は高い。自分の子どもは失敗したから孫だけはとか、子どもの教育に成功したから孫も同じようにとか、いろいろな考えを持っている祖父母も多い。だから資金援助も行なう。

国も、期間限定ではあるが、親や祖父母が教育資金として子どもに生前贈与するのを非課税にする優遇措置を取っている。それだけ教育費が高いということでもある。

ただ、よくよく考えてみれば、これは祖父母に資産があるからこそできることで、そうでなければ、とても支援してもらうことはできない。金持ちはうまく資金が回るようにできている、ともいえそうだ。

それだけでなく、実現までかなり難しい問題もある。私立小もそうだし、中高一貫校でもそうだが、そういった進学に父母ともに理解がないと、なかなか実現できないということだ。妻が中高一貫校受験を決めても、夫の賛成が得られなければ、子どもの進学でもめてしまうことになる。しかも、妻の実家の援助となると、夫は賛成しかねるケースも少なくないだろう。もちろん、夫の実家の援助についても、妻が承服できない場合も出てくる。

一概には言えないが、元来、自分の受けてきた教育が、もっともいいと思っている人は多い。公立出身者は子どもも公立校進学でいいと考えがちで、逆に中高一貫校出身者は、子どもを中高一貫校に入れようとする傾向が強い。私立小出身者が子どもを私立小に入れようとするのも同じだ。受けてきた教育で今があるわけで、それが一つの成功体験になっている場合が多いからと見られる。逆に、それらの学校の中で、いじめを受けたなど嫌な思いをした経験がある人は、自分とは異なる種類の進学先を選ぶ傾向にあるようだ。もちろん、私立の教育がいいと考えて子どもを進学させたいと思う人もいるが、興味、関心がない人には、なかなか検討の俎上《そじょう》にも上らないのが普通だ。

これが夫婦で意見が異なると、もめることが少なくない。公立小でいい、私立小でなきゃダメという考えでは、子どもの進路を決められないこと必定《ひつじょう》だ。しかも不合格になると、余計にもめる。子どもの受験が原因で、夫婦仲がこじれることもしばしばある。子どもの将来にとって、どういった教育がいいのか、何が子どもに向いているのかをじっくり話し合うことが大切だ。その時には経済的な裏付けも必要になる。最悪のケースでは、もめて最終的に仮面夫婦になってしまい、子どもが私立小に合格したら離婚では、誰も心の底から喜べない。

一方、高校受験や大学受験では、そのような夫婦のもめごとは、ほとんど起こらない。子どもの意志も大切になってくるため、親の意向だけでは決められないからだろう。最終的には本人が決めることになる。また、大学進学では、親が金銭的に下宿はダメというと、今は素直に従う子がほとんどで、親子間でのもめ事もあまり起きないようだ。

親の年収と学歴の関係

親の年収と学歴の関係は、よく話題になるテーマだ。東大生の親の年収が、平均で1千万円以上などという話が聞かれる。私立中高に通い、予備校や塾に通って東大合格を勝ち取ったとすれば、やはり資金力がないとなかなか実現できない。それは表⑨（195ページ）で見てきた通りだ。

中学入試に詳しい専門家は「トップクラスの公立高を除けば、やはり6年間ないと東大など難関大には、なかなか現役合格できないようになってきています。受験勉強だけしていたのでは、学力アップはなかなか果たせません。部活動や学校行事、自分の興味や関心のあることを深めていくなど、さまざまなことを通して学力は身についていきますから、その分、時間が必要だといっていいでしょう」と言う。

その一方で、学校の勉強だけで、難関大合格を勝ち取っている優秀な受験生も少なくない。特に地方の公立高の卒業生に多い。金銭的な面から予備校などに通えないという理由だけでなく、学校や家の周りに大学受験に特化した予備校や塾が少ない地方もあり、通いたくても通えない環境にあることも影響している。

私立中高の中には、塾や予備校に行く必要がないことを、PRポイントにしている学校もある。すべて学校が面倒をみますということだ。しかし、保護者としては不安だ。本当にそのとおりにして合格できるのか、もし浪人してしまったらどうする、などの考えが起こり、資金に余裕があれば、結局、子どもを予備校や塾に通わせようと考える。

親としても、子どもの大学受験に何か関与したいという気持ちの表われでもある。さらに、受験生の母親という立場を2年連続でやりたくない。子どもが浪人してしまうと、ママ友とのランチに誘われても子どもが気になって、あまり楽しくない、周りに気を使わせるのは嫌だ、などという話もある。だから、現役合格にこだわり、そのためには予備校や塾に頼りがちな面もあると見られる。

中高一貫校の男子校の生徒の中には、進んで予備校や塾に通うケースもあると言う。「先輩が学校の勉強だけではダメだと言っている」などと親に話し、親も子どもがやる気になっていると思い、何とか予備校や塾の費用を捻出して、通わせてあげようと思うものだ。

ただ、中には予備校や塾に行けば女の子と勉強できる、などと考える生徒もいるようだ。ある男子校の校長が「学校で放課後、受験対策の講習会を行なっていたのですが、年々集まりが悪くなってやめてしまいました」という。いつもの顔ぶれ、みんな男子だから、生徒としては予備校に行った方が楽しく勉強できると思うわけだ。

こういった予備校や塾に、突然、通わせることになっても、それを支払えるだけのお金がないとできない。親の年収が高いと学校はもちろんのこと、学校以外の学習費にもお金をかけられる。それが東大など難関有名大合格への近道であることは間違いない。効率よく勉強することは、合格への最短距離を進むことに等しい。もちろん全員が全員、難関大に合格できるわけではない。最善の手段を使って合格を目指してダメだったら諦めもつくが、親としては子どもに嫌味の一つや二つは言いたくなる。

こうした進学が、金持ちが金持ちになっていくサイクルの基本になっていると見ていい。教育にお金をかけ、子どもはそれに応えて難関大に合格し、卒業後は安定した企業に就職し、やがて結婚して子どもができても、その子どもの教育費にお金をかけられるだけの収入があって、その子どもも難関大に進学して……と回っていく。

もっとわかりやすいのが、私立大医学部に進学して、そのまま医師になるケースだろう。6年間で3千万円以上の学費が必要になるわけだから、それを支払えるだけでも親は裕福ということになる。さらに、子どもが順調に医師になれば、当然ながら収入は多くなるわけで、やはり金持ちになっていく。医師になって結婚して、できた子どもをまた私立大医学部に進学させて……と続いていく。今は医学部人気が高く、私立大でも難易度は、ほとんどで偏差値60を超えるほどだ。お金だけでなく学力も求められるのだ。

こういったサイクルが、ずっと続いていくことになる。中には期待に応えられない子どもも出てくるのが常だが、それでも教育にお金をかけられることに変わりはない。教育にお金をかけることで、塾や予備校で本人の思っている以上の力を引き出してくれ、難関大に合格していく生徒もいる。

当たり前のことだが、難関大に進学すれば、みんなが金持ちになれるわけではない。ただ、安定した生活を手に入れるのには難関大進学は有効な手段だろう。さらに、努力で手に入る手段であることも確かだ。芸術系大学のように、才能が求められるわけではないからだ。

言ってみれば、難関大合格は金持ちになるための入口に立てたという程度のことで、扉を開けられるかどうかは、本人の努力次第ということになる。そこまで持っていくのが親の務《つと》めとも考えられる。しかし、貧しさから入口にも立てない人は少なくない。勉強する環境にいないと、１人孤独に頑張るのは厳しい。

伝統ある難関大では、卒業生が多く、社会に出て活躍している先輩も多い。こういったつながりは大きく、最近では卒業した高校でのつながりを重視するようにもなってきている。大学では三田会《みたかい》と呼ばれる、慶應義塾大の同窓会組織が有名だ。多くの大手企業に三田会は設けられており、学閥《がくばつ》を形成している。他大学にも同じような組織はあるが、三田会がもっとも卒業生同士のつながりが深く有名だ。今や学生の就活にも、三田会が活用されているという。

こういった同窓会組織は、企業の中などで、将来、先輩に引き上げてもらえるチャンスにもつながっていく。そうなってくると、教育に資金をかけられるのは、大きな武器だといえよう。

教育費を捻出できない場合は、どうすればいいのだろうか

今や同学年の生徒のうち、２人に１人が大学進学する時代となった。今の高校生の両親の時代は４人に１人が大卒だったから、進学する人が倍に増えたことになる。今も昔も学歴を求める人が多いことは間違いないが、これだけ大卒者が増えた状況では、大卒という学歴だけでは、他の人と大きな差がつかなくなってしまっている。

少子化が進み、定員割れの私立大が４割を超え、大学には入りやすい。極端な言い方をすれば、今は学費さえ払えれば、大学進学はさほど難しいことではなくなってきている。「日本の大学は入試だけが厳しく、卒業は簡単」などと言われてきたが、それが変わり、入試も簡単な大学が増えているということだ。もちろん、卒業が厳しい大学も増えている。入学後真面目に学ぶことで、大卒という学歴は手に入る時代になった。昔に比べれば、学歴はかなり楽に手に入ることは間違いないだろう。

だから、学歴を手に入れるための進学ではダメなのだ。大学で学びたい、あるいは看護師などの資格を手に入れたいなど、しっかり目的意識をもって進学しなければならない。なんとなく大学に進学すれば、その後も何とかなった時代はすでに終わってて

いる。

たとえ難関大に進学しても、大学時代にしっかり学んでおくことが大切になってきている。社会に出たら役立つ思考力や判断力、教養を身につけておく必要がある。文系なら語学でも、資格でもということになる。大学の授業をできるだけ活用することが大切だ。

今まで見てきたように、お金がかかっても、大学進学が貧乏のサイクルを打ち破る有効な手段の一つであることは変わらない。金持ちサイクルを自分で構築していけばいい。大切なのは大学で勉強することだ。さまざまな知識、教養、考える力を身につけることだ。あるいは、職業と直結した資格を身につけることも一つの方法だ。文系なら教員や公務員を目指すことも有効な方法だろう。

そうはいっても、大学を卒業するにはお金がかかり、４年間の学費を捻出するのが精いっぱいの人では、生活費を稼ぐのに時間をとられて、学ぶのは二の次になってしまいがちだ。大学を出ただけでは通用しなくなっており、在学中にいい成績を取っておくことも社会に出ていくうえでは必要だ。今は大学の成績はどこの大学でも、同じような基準の評価制度になっている。学生も必要以上に気にしている。私立大の教員がこう話す。

「かけもちで難関大でも教えていますが、その大学で学生に『成績がトップのA＋がつかないのならば、成績はつけないでください』と言われたことがあってびっくりしました。うちの大学でそんなことを言われたことは一度もありません」

いい成績を取ることは、今後、もっと企業から求められるようになっていきそうだ。

ただ、大学の教員が求める人材と社会が求める人材とは、食い違っている場合も少なからずあるようだ。中堅の大学の職員がこう話す。

「授業をいちばん前の席で熱心に聞き、しっかりノートを取って、試験の成績が良い学生は、ほとんどの教員が気に入るでしょう。しかし、卒業式の時に総代として表彰される学生は、当然のことながら大学での成績がトップの学生ですが、就職が決まっていない人がけっこういるんです。大学の成績がいいだけではダメで、やはり社会で活躍していくにはコミュニケーション能力など勉強以外のところも大切になってきますから、在学中に磨《みが》いておく必要があります」

子どものことを思うのなら、親が借金して子どもの学費を捻出してあげればいい。しかし、なかなかそんなケースはない。結局、本人が奨学金を借りて進学ということになる。優秀であれば大学などが用意する給付型の、もらえる奨学金制度を活用できる。私立中高だって、優秀者には特待生制度があり、お金がかからず進学できる。学費に不安があるのなら、あえて学力よりワンランク、ツーランク落として、特待生での進学を狙う方法もある。

国の奨学金制度は貸与型のみだから、社会に出る前に、借金を抱えてしまうことになる。それでも金銭的に進学が厳しい場合は、借りる以外に方法はない。国の奨学金は借りやすいこともあり、借りすぎになることも往々にして起こってしまう。けれども借金に変わりはない。どこまでなら返せるか、親が試算してあげることも大切だ。借りられればいいというのでは将来、困るのは子どもだ。卒業後の返済は大変であることを肝に銘じておきたい。卒業後、奨学金返済が「苦しい」と答えている人は多い。返せなくなる人だっている。自己破産してからでは遅いのだ。

しかし、その大学の学費の工面の前に、受験にかかる費用もある。そもそも受験勉強にお金をかけられないとなると、自学自習で成績を伸ばしていくしかない。これはこれで大変なことだ。大人ならまだしも、遊びたい盛りの高校生に無理強いするのは過酷《かこく》という他ない。目的意識がはっきりしていないと、頑張れないものだ。そうなると、難関大合格は険しい道になる。

学費に不安がある場合は、働きながら進学することになるが、そうなると、やはり仕事が多い都会の大学を目指すことになってしまう。当然、生活費が必要になり、奨学金だけでは厳しいため、アルバイトをしなければならない。ブラックバイトに注意するのも親の役割だ。

また、設置数は減ってきているが、大学夜間部などに進学するのも一つの方法だ。難易度は昼間部より低くて入りやすく、昼間は正社員として企業で働きながら夜は大学に通い、大学を卒業する時に新卒として就活すればよい。文部科学省管轄外の給与が出る大学への進学も一つの方法だ。奨学金を借りる以外の道を考えてみるのもいい。

最近では就職したら、奨学金を肩代わりしてくれる企業も出てきている。返済分を給与に上乗せする会社や、上限２００万円まで企業が代わりに支払うなど、さまざまな制度がある。そこには、就職が売り手市場で優秀な学生を確保したい企業の思惑がある。トヨタグループでも、リケジョ向けの奨学金援助制度があり、グループの対象企業に入社すれば元金の全額を給付する制度がある。こういった制度を活用して、奨学金を返済する方法もある。

奨学金返済は厳しいし、高校の時から生活費を稼ぐのに忙しければ勉強する時間がない。そのような学生の中には、勉強の仕方を知らない人も増えている。そうならないためにも、勉強の仕方を子どもの時に教えておくことも、将来、かなり役に立つことになる。

小学校の低学年の時に、自分で調べる、自分で覚えるなど、将来にわたって使える力を身につけさせておくことが必要だろう。図書館に行って本を借りて読ませることも有効だ。学ぶ楽しさを早く知ることが大切だ。それが将来にわたって学んでいくうえでの基礎になっていく。時間がない中でも学ぶ面白さを知っていれば、勉強する時間を見つけることにもなる。

これからの時代はどうなるかわからない。10年後には、今ある職業の半数がなくなってしまうとも予測されている。そうなった時に、学ぶことを知っていれば、新しいことを自ら学んで、別の職種に適応する力をつけることも可能だ。

人生は一生学んでいくことだから、子どもが学ぶことを嫌いにならないようにすることも大切だが、楽しいと知ることも大切だ。わからないことがわかる楽しさを早く知ることが重要なのだ。それを子どもの時に教えることは、これからの生きる力になっていく。教育費破産を起こさないためにも、いろいろな情報を検討しながら、進学を考えていってほしい。

切りとり線

★読者のみなさまにお願い

この本をお読みになって、どんな感想をお持ちでしょうか。祥伝社のホームページから書評をお送りいただけたら、ありがたく存じます。今後の企画の参考にさせていただきます。また、次ページの原稿用紙を切り取り、左記まで郵送していただいても結構です。

お寄せいただいた書評は、ご了解のうえ新聞・雑誌などを通じて紹介させていただくこともあります。採用の場合は、特製図書カードを差しあげます。

なお、ご記入いただいたお名前、ご住所、ご連絡先等は、書評紹介の事前了解、謝礼のお届け以外の目的で利用することはありません。また、それらの情報を6カ月を越えて保管することもありません。

〒101－8701（お手紙は郵便番号だけで届きます）
祥伝社新書編集部
電話03（3265）2310
祥伝社ホームページ　http://www.shodensha.co.jp/bookreview/

★本書の購買動機（新聞名か雑誌名、あるいは○をつけてください）

＿＿＿＿新聞の広告を見て	＿＿＿＿誌の広告を見て	＿＿＿＿新聞の書評を見て	＿＿＿＿誌の書評を見て	書店で見かけて	知人のすすめで

★100字書評……教育費破産

名前

住所

年齢

職業

安田賢治　やすだ・けんじ

1956年、兵庫県生まれ。早稲田大学政治経済学部卒業後、大学通信入社。三十数年にわたって、大学をはじめとするさまざまな教育関連の情報を、書籍・情報誌を通じて発信してきた。現在、常務取締役、情報調査・編集部ゼネラルマネージャー。大正大学講師。私立大学のコンサルティングにも協力し、学校経営の内実に詳しい。著書に『中学受験のひみつ』（朝日出版社）、『笑うに笑えない大学の惨状』（祥伝社新書）がある。

教育費破産《きょういくひはさん》

安田賢治《やすだけんじ》

2016年11月10日　初版第1刷発行

発行者……………辻 浩明
発行所……………祥伝社《しょうでんしゃ》
〒101-8701　東京都千代田区神田神保町3-3
電話　03(3265)2081(販売部)
電話　03(3265)2310(編集部)
電話　03(3265)3622(業務部)
ホームページ　http://www.shodensha.co.jp/

装丁者……………盛川和洋
印刷所……………萩原印刷
製本所……………ナショナル製本

Printed in Japan　ISBN978-4-396-11489-3　C0237